行政職
公務員試験

専門問題と解答 ミクロ経済学編

米田 昌弘

大学教育出版

まえがき

　著者は，私立大学の理工学部に勤務していましたが，2021年の3月末日をもって無事に定年退職を迎えることができました．所属していたのは土木系学科で，在職中は，橋梁振動に関する研究に加えて，土木職公務員や建築職公務員を目指す学生のために，受験対策本も何冊か執筆していました．そのためだと思いますが，定年退職後もキャリアセンターで勤務する機会を与えられました．主な業務はキャリアアドバイザーとして，公務員を志望する学生と面談し，勉強方法や併願先のアドバイスをすることです．

　相談に来る学生の9割が行政職志望者で，残りの1割が技術職志望者です．これは想定通りで，退職前から，行政職志望者の相談にも対応できるように，国家一般職試験（行政職）の出題科目についても情報収集をしていました．ただし，キャリアアドバイザーとして行政職を志望する学生と面談しているうちに，予備校には通っているのですが，ミクロ経済学とマクロ経済学が全く分からないので，「良いテキストがあったら教えてほしい」，「効率良く勉強する方法を教えてほしい」という声を多く聞くようになりました．そこで，数多くのテキストを購入して見比べ，その中から評判の良いテキストを紹介しましたが，一方で，私自身も受験生になった気持ちで，経済原論（ミクロ経済学とマクロ経済学）の勉強をスタートさせました．

　勉強にあたって，最初に，直面したのが，**用語の難解さ**です．日本語のはずなのに言葉の意味が全くわからないのです．たとえば，一般の人が**「無差別曲線」**と聞いて，いったい何人の人が正しい意味を理解できるでしょうか？　無差別曲線は，英語の Indifference curve を直訳したものですが，「無差別曲線」からは本来の意味が理解できないのです．著者なら，内容をしっかり理解した上で，Indifference curve（違いのない曲線）を意訳して，**「等価満足度曲線」**と名付けます．「等価満足度曲線」なら，何となく意味は分かりますよね．このように，経済学は，意味もなく，わかりにくい専門用語が多いので，**「分からなくて当たり前」**と割り切ればよいのです（難しい内容を難しく教えるのは愚の骨頂です．難しい内容を分かりやすく教えるのが本当の教育だと思うのですが……）．

　最近の公務員試験では，**人物評価が重要視**され，教養試験の代わりに SPI3 試験や SCOA 試験を課す自治体も増えています．また，大阪府庁の採用試験では，憲法，行政法，民法，ミクロ経済学，マクロ経済学など従来の専門試験科目を勉強しなくても，見識（社会事象に対する基礎的知識や，論理的思考力，企画提案力，文章作成力など）で受験できるようになっています．さらに，大阪府下やその周辺の市町村では，専門試験すら課さない自治体も増加しています．しかしながら，国家公務員や東京都などの専門試験を課す自治体を目指す学生は，従来と同じく，1次試験では教養試験と専門試験を突破しなくてはなりません．合格するためには，1日に3〜4時間，合計で1,000〜1,500時間の勉強時間が必要とされています．

　1 次試験の合否ボーダーは正答率で 55〜65％程度ですが，経済学の勉強で挫折して，公務員受験そのものを諦めてしまう学生も多いようです．公務員受験で経済原論を学ぶのは，当たり前ですが，経済学者になるためではなく，公務員試験に課された主要科目の一つとしてやむなく勉強しているに過ぎないのです．このように割り切ってしまえば，道が開けてきます．理屈なんかよりも，公務員試験で正しい選択肢を選べれば十分と思えばよいのです．経済原論で 100 点なんて取る必要はありません．他の得意科目で得点を稼ぐので，苦手な経済原論だけは受験者の平均点を取れれば十分と割り切れば，気持ちも楽になるはずです．すこしややこしい経済の計算問題も，基本パターンを覚えてしまえばよいだけなのです．

　著者は，橋梁振動学の研究者でしたが，経済学者ではありません．経済学は全くの素人ですが，公務員志望者に的確にアドバイスできるように，国家一般職と東京都庁特別区で出題されたミクロ経済学の問題を解いてみました．はじめは難解な経済用語と特異な言い回しに頭を悩ませましたが，問題を解いているうちに，解き方のパターンや頻出問題もわかるようになってきました．このことを学生に話したら，勉強した過程（勉強ノート）を一冊のテキストにまとめてほしいという依頼を受けました．年齢も 70 歳に近づき，現役も退いていたこともあり，はじめは躊躇していたのですが，公務員受験を目指す学生の一助になればとの思いから，執筆を決心した次第です．

　執筆にあたっては，「読んで理解して覚えれば，最小の労力で，国家公務員一般職レベルで出題されるミクロ経済学の 50〜60％は正解できるテキスト」を目指し，以下の点に留意して本書を執筆することにしました．
① 理論的な内容はできるだけ省略し，学生が短時間で要領よく理解できるように，各章のはじめに重要ポイントを記述する．
② 学生諸君が親しみを持って読み進められるように，「です」・「ます」調で文章を記述する．
③ 学生諸君が自分で勉強しても十分に理解できるように，国家公務員一般職試験と東京都特別区職員 I 類採用試験で出題された過去問題を数多く取り上げて十分な解説を行う．
④ 本番の試験でも，類題を思い出しやすいように，問題内容にもとづいて章立てを行う．

　公務員試験に合格する秘訣は，最小の労力で最大の効果が得られるテキストを見つけ出し，そのテキストがボロボロになるまで何回も何回も繰り返し勉強することです．公務員受験を考えている学生には，是非とも本書（ミクロ経済学のテキスト）と姉妹書（マクロ経済学のテキスト）を経済原論の公務員対策本として有効に活用していただければありがたいと願っております．夢は必ず実現します．皆さんの夢が実現することを心よりお祈りしております．

　2022 年 10 月

著　者

行政職公務員試験 専門問題と解答 ［ミクロ経済学編］

目　次

まえがき …………………………………………………………………………… *i*

第1章 需要関数 …………………………………………………………………… 1

第2章 費用関数 …………………………………………………………………… 3

第3章 顕示選好 …………………………………………………………………… 5

第4章 効　用 ……………………………………………………………………… 8

第5章 需要の価格弾力性 ………………………………………………………… 31

第6章 ワルラス的・マーシャル的価格調整過程 ……………………………… 38

第7章 長期均衡 …………………………………………………………………… 45

第8章 利　潤 ……………………………………………………………………… 50

第9章 余　剰 ……………………………………………………………………… 73

第10章 公共財 ……………………………………………………………………… 88

第11章 パレート最適 ……………………………………………………………… 91

第12章 比較生産費説 ……………………………………………………………… 95

第13章 ゲーム理論 ………………………………………………………………… 97

付　録 一般的に用いられる経済記号 …………………………………………… 104

索　引 ……………………………………………………………………………… 105

行政職公務員試験 専門問題と解答 ［ミクロ経済学編］

第1章

需要関数

●ミクロ経済学

ミクロ経済学は，家計（消費者）と企業（生産者）がどのように行動して商品の需要と供給を創り出し，それらがどのように市場で調整されるのかを解明しようとするものです．

●財

経済学においては，物質的・精神的に何らかの効用（満足度）を持っているものを**財**といいます．

●需要関数

ある財に対する価格 p （Price）と需要量 D （Demand）との関係を示したのが**需要関数**です．一般に価格が上がれば需要量は減少し，価格が下がれば需要量は増加しますが，財によっては逆になることもあります．

【問題 1.1（需要関数）】家計 A と家計 B の需要曲線が，それぞれ

$$x_A = 20 - p \quad （ただし，\ p>20 \ では\ x_A = 0）$$
$$x_B = 40 - 5p \quad （ただし，\ p>8 \ では\ x_B = 0）$$

で示されているとします．ただし，x_A は A の需要量，x_B は B の需要量，p は価格です．

このとき，この 2 つの家計の需要量を足し合わせた需要量を X としたときの需要関数を，解答群から選びなさい．ただし，$p \geqq 0$ とします．

1. $X = \begin{cases} 0 & p>10 \\ 60-6p & p \leqq 10 \end{cases}$

2. $X = \begin{cases} 0 & p>20 \\ 20-p & 5 \leqq p \leqq 20 \\ 40-5p & p<5 \end{cases}$

3. $X = \begin{cases} 0 & p>10 \\ 30-3p & p \leqq 10 \end{cases}$

4. $X = \begin{cases} 0 & p>20 \\ 20-p & 8 \leqq p \leqq 20 \\ 60-6p & p<8 \end{cases}$

5. $X = \begin{cases} 0 & p>20 \\ 60-6p & 8 \leqq p \leqq 20 \\ 20-p & p<8 \end{cases}$

（国家公務員一般職試験 行政職）

【解答】経済学の知識がなくても，簡単な数学の知識があれば解ける問題です．解答群に与えられた関数を見て，横軸に価格 p，縦軸に需要量 x をとって，解図（問題 1-1）のように，

      A の需要量：$x_A = 20 - p$　（ただし，$p > 20$ では $x_A = 0$）

      B の需要量：$x_B = 40 - 5p$　（ただし，$p > 8$ では $x_B = 0$）

を描きます．

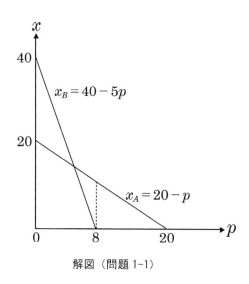

解図（問題 1-1）

解図（問題 1-1）を参照すれば，2 つの家計の需要量を足し合わせた需要関数 X は，以下のように表されます．

$$X = \begin{cases} 60 - 6p & p < 8 \\ 20 - p & 8 \leqq p \leqq 20 \\ 0 & p > 20 \end{cases}$$

したがって，正しい選択肢は 4 となります．

第2章

費用関数

●費用関数

　総費用は固定費用と可変費用（変動費用）に分けることができます．**短期**では，設備が変化しないという前提条件で費用を考えますので，設備の水準を変更できない**固定費用**が存在します．これに対して，期間の長い**長期**であれば，設備の水準を変更できますので，すべてが**可変費用**となります．

　なお，長期の費用関数（Cost function）を C，資本設備（ドイツ語で Kapital）の大きさを k とした場合，費用関数が最小となる k の値は，C を k で微分して 0 と置いた，

$$\frac{dC}{dk} = 0$$

から，求めることができます．

【問題 2.1（長期の費用関数）】 ある企業は資本設備の大きさが k（>0）のとき，短期の費用関数が

$$C = \frac{9x^2}{k} + k + 5$$

（C：総費用，　x：財の生産量）

で与えられているとします．

　この企業の長期の費用関数として妥当なものを解答群から選びなさい．ただし，この企業は長期において，資本設備の大きさを調整費用なしで変更できるものとします．

　　1．$C = 6x + 5$ 　　　　2．$C = 6.5x + 5$ 　　　　3．$C = 10x + 5$

　　4．$C = 3x^2 + 8$ 　　　　5．$C = 9x^2 + 6$

（国家公務員一般職試験　行政職）

【解答】 資本設備の大きさ k は短期では一定で変化しませんが，長期では変更が可能なので**変数**となります．長期において，費用関数が最小となる k の値を求めれば，

$$\frac{dC}{dk} = \frac{d(9x^2 k^{-1} + k + 5)}{dk} = -9x^2 k^{-2} + 1 = -\frac{9x^2}{k^2} + 1 = 0 \quad \therefore k = 3x \quad (\because k > 0)$$

それゆえ，長期の費用関数は，

$$C = \frac{9x^2}{k} + k + 5 = \frac{9x^2}{3x} + 3x + 5 = 3x + 3x + 5 = 6x + 5$$

となりますので，正しい選択肢は 1 となります．

第3章

顕示選好

●顕示選好理論
 けんじ せんこう りろん

　顕示選好とは，その人の消費行動からなる好みの順序（効用の大小関係）のことです．それゆえ，**顕示選好理論**は，ある人の消費行動を観察すれば，その人の選好順序（好き嫌いの順番）が求められるという理論になります．もう少し簡単にいうと，個人の好き嫌い（効用関数）はその人しかわかりませんが，市場のデータを集めて分析することで，さかのぼって個人の好き嫌い（効用関数）を求めようとするものといえます．

　図3-1(a)に示したように，AとBが予算線以下であればAとBのいずれも選べますが，Aを選んだのあれば（AがBよりも顕示選好であれば），消費者が自分の効用最大化を目指す限り，「BがAよりも顕示選好」になることはないというのが**顕示選好の弱公理**です．なお，図3-1(b)に示したように，Bが予算線よりも上にある場合は，Bは予算オーバーで買うことができませんので，「AがBよりも顕示選好」とはいえません．

予算線以下の A, B のどちらも選べますが，A を選んだのであれば，A は B より顕示選好です．

B は予算線よりも上にあるので，A を選んでも，「A は B より顕示選好」とはいえません．

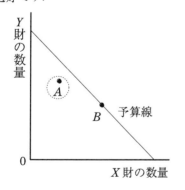

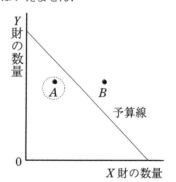

（a）AはBより顕示選好

（b）AはBより顕示選好とはいえない

図3-1　顕示選好理論

【問題 3.1（顕示選好理論）】図（問題 3-1）のア～エは，縦軸にY財を，横軸にX財をとり，ある家計が，予算線L^0のときには点Aを，予算線L^1のときには点Bを選択したことを表したものですが，このうち顕示選好の弱公理と矛盾する行動をとっているものを解答群から選びなさい．ただし，点Aおよび点Bはそれぞれの予算線上にあるものとします．

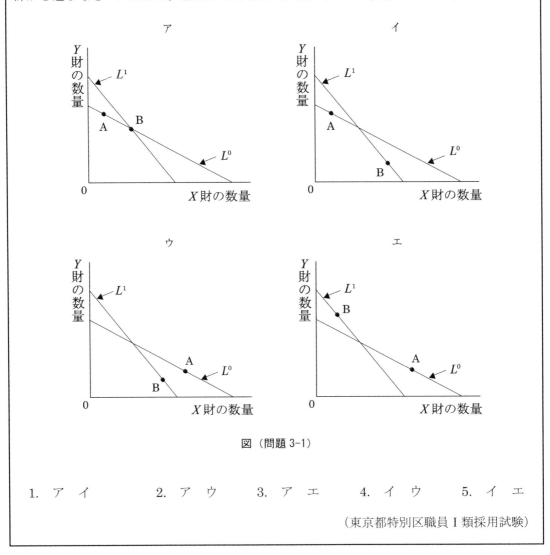

図（問題 3-1）

1. ア　イ　　　　2. ア　ウ　　　3. ア　エ　　　4. イ　ウ　　　5. イ　エ

（東京都特別区職員Ⅰ類採用試験）

【解答】**顕示選好の弱公理**とは，一度，BではなくAを選ぶと（AがBよりも顕示選好になると），それ以降はBを選ぶことはない（BがAよりも顕示選好にならない）というものです．それゆえ，**顕示選好の弱公理と矛盾する行動**とは，一度，BではなくAを選んでも，AではなくBを選ぶことがあるということになります．

ア：○

　予算線L^0以下に点Aと点Bがあり，どちらも選ぶことができますが，問題文にあるように点Aを選びましたので，「AはBよりも顕示選好」です．

　予算線L^1以下に点Aと点Bがあり，どちらも選ぶことができますが，問題文にあるよう

に点 B を選びましたので，「B は A よりも顕示選好」です．

　顕示選好の弱公理と矛盾しますので，アは正となります．

イ：○

　予算線 L^0 以下に点 A と点 B があり，どちらも選ぶことができますが，問題文にあるように点 A を選びましたので，「A は B よりも顕示選好」です．

　予算線 L^1 以下に点 A と点 B があり，どちらも選ぶことができますが，問題文にあるように点 B を選びましたので，「B は A よりも顕示選好」です．

　顕示選好の弱公理と矛盾しますので，イは正となります．

ウ：×

　予算線 L^0 以下に点 A と点 B があり，どちらも選ぶことができますが，問題文にあるように点 A を選びましたので，「A は B よりも顕示選好」です．

　予算線 L^1 以下にあるのは点 B だけであり，点 B しか選べません．点 A は予算オーバーで選べませんので，「B は A よりも顕示選好された」とはいえません．

エ：×

　予算線 L^0 以下にあるのは点 A だけであり，点 A しか選べません．点 B は予算オーバーで選べませんので，「A は B よりも顕示選好された」とはいえません．

　予算線 L^1 以下にあるのは点 B だけであり，点 B しか選べません．点 A は予算オーバーで選べませんので，「B は A よりも顕示選好された」とはいえません．

　以上より，正しい選択肢は 1 であることがわかります．

第4章

効　用

●効用関数（Utility Function）

　経済学では，人は「効用（消費者の主観的な満足度）」を最大化するように行動するという前提に立っており，「効用（満足度）」を数値化して**効用関数**として取り扱っています．たとえば，効用Uを最大化する労働時間Wは，

$$\frac{dU}{dW} = 0$$

を計算すれば求めることができます．

●無差別曲線

　今，X財とY財の2つの財について，図4-1を用いてその組合せを考えてみます．ある消費者が，X財を4つ，Y財を2つ購入したときにもたらされるA点の効用（満足度）について，「X財が2つ，Y財が3つ（B点の効用）」か「X財が1つ，Y財が5つ（C点の効用）」あるいは（「X財が7つ，Y財が1つ（D点の効用）」と同じと答えたとすれば，これらの点はすべてこの消費者にとってまったく同じ効用をもたらすような財の組合せの集まりとなります．このような組合せを，経済学では**無差別である（得られる効用が等しい）**といい，これらの点を結んだ線のことを**無差別曲線**と呼んでいます．ちなみに，無差別曲線には，「右下がりになる」という特徴があります．

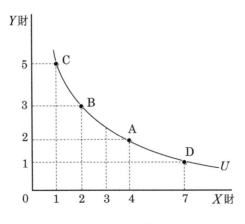

図 4-1　無差別曲線

●**上級財**

　所得が上がった時に，需要が伸びる財を**上級財**（正常財）といいます．

●**下級財**

　所得が上がった時に，需要が下がる財を**下級財**（劣等財）といいます．

●**ギッフェン財**

　価格が上がった場合に需要が高まる（価格が下がった場合に需要が減る）という例外的な下級財のことを**ギッフェン財**といいます．

●**代替効果**

　ある財の価格が変化した時，消費者が同じ効用水準を保つために，消費する財の組合せを調整する現象を**代替効果**といいます．下級財では，財の価格が下がったとき，代替効果はプラス（安い方の消費量が増えること）になります．

●**所得効果**

　ある財の価格が変化した時，消費者の使えるお金が変化するため，財の購入量に変化を与える現象を**所得効果**といいます．下級財では，財の価格が下がったとき（実質的に予算が増えたとき），所得効果はマイナス（値段に関係なく，どちらが好きか嫌いかで財を選んでしまうこと）になります．

●**全体効果**

　代替効果と所得効果を加えた効果が**全体効果**です．**下級財は全体効果が正**（代替効果＞所得効果）で最終的に消費量は増加しますが，**ギッフェン財は全体効果が負**（所得効果＞代替効果）となり，価格が下がった時に合計の消費量が減少します（価格が上がった時には合計の消費量が増加します）．

●**限界効用 *MU*** （Marginal Utility の略語）[1]

　一般に，「限界」といえば「限度」と同じ意味で用いられています．しかしながら，**経済学では，「限界」という用語は「僅かに追加された…」という意味で使用されています**．それゆえ，**限界効用 *MU*** は，財を 1 単位追加的に消費した場合における効用の増加分を表しており，効用関数 U を消費量 X で微分した次式で求めることができます．

$$MU = \frac{\Delta U}{\Delta X}\left(= \frac{dU}{dX}\right)^{[2]}$$

---

1) 英語の marginal には「僅かな」という意味があり，経済学では，「財や消費をほんの少し増やした時に，一単位あたりどれくらい影響を及ぼしたか」を表しています．何かを一単位増やした時に，それによって生じた何らかの変化量を「限界」と表現します．

2) Δはデルタと読み，*ΔU* と *ΔX* はそれぞれ微小量であることを表しています．

●効用最大化条件

限界効用 MU を貨幣価格で割ったものが，貨幣一単位当たりの限界効用（貨幣の限界効用）になります．2 つの財がある時，最適消費点では，貨幣の限界効用（限界効用を価格で除したもの）が等しくなり，以下の効用最大化条件が成立します．

$$\frac{X財の限界効用MU_X}{X財の価格} = \frac{Y財の限界効用MU_Y}{Y財の価格} \Rightarrow \frac{X財の限界効用MU_X}{Y財の限界効用MU_Y} = \frac{X財の価格}{Y財の価格}$$

●予算制約式

私たちは，所得という制限の中で買い物をしています．これと同様に，経済学でも，限られた予算制約の中でどのように効用（満足度）を高めていくかを分析することになります．

予算制約式は，

$$M = P_X + P_Y$$

（M：予算，P_X：X 財の価格，P_Y：Y 財の価格）

と表されます．

●名目所得と実質所得

名目所得は，物価の変動を考慮せず，**実額で表示した所得**のことです．一方，**実質所得**は，**名目所得を物価指数で除したもの**で，物価の変動による影響を取り除くように調整した所得のことをいいます．

●社会厚生関数

厚生とは，人間の生活を健康で豊かなものにすることであり，社会の厚生状態を評価する関数が**社会厚生関数**になります．

●直接税

直接税は，税を納めるべき人と負担する人が同じ場合になります．たとえば，法人税は，会社が自分自身で税金の対象となる収益を申告して税金を納めますが，このように税を納める人と負担する人が同じであることから，直接税と呼ばれています．

●間接税

間接税は，税を納めるべき人と負担する人が異なる場合になります．たとえば，**消費税**を実質的に負担しているのは，最終的に物を買ったり，サービスを受けたりする消費者ですが，実際に納めているのはその物を販売したり，サービスを提供したりしている業者です．このように，税を納める人と負担する人が異なることから，間接税と呼ばれています．

【問題 4.1（代替効果）（所得効果）】図（問題 4-1）は，X 財と Y 財との無差別曲線を U_0 および U_1，予算線 PT 上の最適消費点を E_0，予算線 PQ 上の最適消費点を E_2，予算線 PQ と平行に描かれている予算線 RS 上の最適消費点を E_1 で示したものです．今，X 財の価格の低下により，予算線 PT が予算線 PQ に変化し，最適消費点が E_0 から E_2 へと移動した場合の X 財の需要変化および説明に関する記述として，妥当なものを解答群から選びなさい．

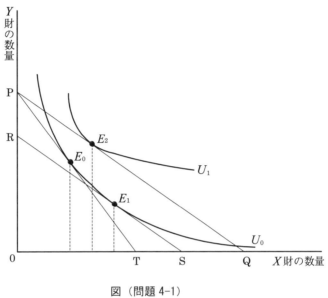

図（問題 4-1）

1. E_0 から E_1 への移動は代替効果，E_1 から E_2 への移動は所得効果といい，X 財への全体効果はプラスであり，X 財は上級財である．

2. E_0 から E_1 への移動は所得効果，E_1 から E_2 への移動は代替効果といい，X 財への全体効果はマイナスであり，X 財は上級財である．

3. E_0 から E_1 への移動は代替効果，E_1 から E_2 への移動は所得効果といい，X 財への全体効果はプラスであり，X 財は下級財である．

4. E_0 から E_1 への移動は所得効果，E_1 から E_2 への移動は代替効果といい，X 財への全体効果はマイナスであり，X 財は下級財である．

5. E_0 から E_1 への移動は代替効果，E_1 から E_2 への移動は所得効果といい，X 財への全体効果はマイナスであり，X 財はギッフェン財である．

（東京都特別区職員 I 類採用試験）

【解答】「E_0 から E_1 への移動」と「E_1 から E_2 への移動」について考察します．

「E_0 から E_1 への移動」

E_0 から E_1 への移動は無差別曲線上の移動であり，**代替効果**です．それゆえ，正解は 1，3，5 のいずれかです．

「E_1 から E_2 への移動」

　問題文に記載されているように，X 財の価格は低下しており，実質的には所得が増加しています．予算線が RS から PQ に平行移動していますので，E_1 から E_2 への移動は**所得効果**です．

　E_1 から E_2 への移動で，実質所得が増加しているのに X 財の数量は減少していますので，X 財は上級財ではありません．よって，正解は 3 か 5 のいずれかです．

　E_0 から E_1 の右向きに結んだ直線距離を X 軸（X 財の数量）上に投影した長さが**代替効果**（右向きなのでプラス）で，E_1 から E_2 の左向きに結んだ $E_1 E_2$ の直線距離を X 軸（X 財の数量）上に投影した長さが**所得効果**（左向きなのでマイナス）です．代替効果（プラス）＋ 所得効果（マイナス）は正なので，全体効果はプラスであることがわかります．全体効果がプラスになるのは下級財です．

　以上より，正しい選択肢は 3 であることがわかります．

【問題 4.2　（効用の最大化行動）】 ある個人の効用関数が，

$$u = c_1 \cdot c_2$$

で与えられているとします．ただし，u は効用水準，c_1 は今期の支出額，c_2 は来期の支出額です．また，今期と来期それぞれの予算制約式は，

$$c_1 = y_1 - s, \quad c_2 = (1+r)s + y_2$$

であるとします．ただし，y_1 は今期の所得，y_2 は来期の所得であり，s は正であれば貯蓄，負であれば借入れの大きさで，r は市場の利子率です．

　いま，y_1 が 120，y_2 が 84 であることがわかっていて，貯蓄や借入れが市場の利子率 5%（$r = 0.05$）であるとします．このとき，この個人が効用を最大化するための行動として妥当なものを，解答群から選びなさい．

1. 借入れを 20 だけ行う．　　2. 借入れを 15 だけ行う．　　3. 貯蓄も借入れも行わない．
4. 貯蓄を 15 だけ行う．　　5. 貯蓄を 20 だけ行う．

（国家公務員一般職試験 行政職）

【解答】 解答群から s（正であれば貯蓄，負であれば借入れ）を求める問題であることがわかります．与えられた式と数値を効用関数 $u = c_1 \cdot c_2$ に代入すれば，

$$u = c_1 \cdot c_2 = (120 - s)\{(1 + 0.05)s + 84\} = 120 \times 1.05s + 120 \times 84 - 1.05s^2 - 84s$$

効用の最大値を求めるために，**$du\,/\,ds = 0$** を計算すれば，

$$\frac{du}{ds} = 120 \times 1.05 - 2 \times 1.05s - 84 = 0 \quad \therefore s = 20$$

したがって，選択肢 5 の「貯蓄を 20 だけ行う」が正しいことがわかります．

【問題 4.3 （生涯効用の最大化）】今後 80 年間生きるある個人が，これから T 年間働いて退職したときの生涯効用 u が以下のように示されています．

$$u = C \times (80 - T)$$

ここで，C は生涯の支出総額を表し，$0 \leqq T \leqq 80$ です．

この個人が働いている期間は毎年 120 の所得が得られ，退職後は毎年 40 の年金が得られます．生涯効用 u が最大となるときの T を解答群から選びなさい．

ただし，この個人は現在の資産はなく，また，所得および年金収入を今後の 80 年間のうちにすべて支出するものとします．

  1. 20   2. 30   3. 40   4. 50   5. 60

（国家公務員一般職試験 行政職）

【解答】 T 年間の年収は 120 で，退職後の $(80-T)$ 年間の年金は 40 なので，生涯収入は，

$$生涯収入 = 120T + (80 - T) \times 40$$

所得および年金収入を今後の 80 年間のうちにすべて支出することから，支出＝収入の式を立てると，

$$C = 120T + (80 - T) \times 40 = 3{,}200 + 80T$$

生涯効用 u は，

$$u = C \times (80 - T) = (3{,}200 + 80T) \times (80 - T) = 80(40 + T)(80 - T) = 80(-T^2 + 40T + 3{,}200)$$

生涯効用 u の最大化条件は，

$$\frac{du}{dT} = 0$$

なので，

$$-2T + 40 = 0 \quad \therefore T = 20$$

したがって，正しい選択肢は 1 となります．

【問題 4.4（所得の増加分）】 所得のすべてを X 財と Y 財に支出する，ある消費者の効用関数が次のように与えられているとします．

$$u = x + y$$

（u：効用水準，x：X 財の消費量，y：Y 財の消費量）

　当初，X 財の価格は 2，Y 財の価格は 4，名目貨幣所得は 24 であったとします．いま，Y 財の価格と名目貨幣所得は，それぞれ 4 と 24 のまま，X 財の価格が上昇して 3 になったとします．

　価格上昇後の効用水準を価格上昇前と同じにするために必要な所得の増加分を解答群から選びなさい．

1. 0	2. 6	3. 12	4. 24	5. 36

（国家公務員一般職試験　行政職）

【解答】 当初の**予算制約式**は

$$2x + 4y = 24 \quad \therefore x = 12 - 2y \tag{1}$$

式(1)を**効用関数**に代入すれば，

$$u = x + y = 12 - 2y + y = 12 - y \tag{2}$$

　効用水準 u が最大になるのは，$y = 0$ の時で $u = 12$ であることはすぐにわかると思います（式(2)は y の 1 次関数ですので，微分して極値を求めてはいけません）．また，$y = 0$ を式(1)に代入すれば $x = 12$ となりますので，最適消費量は $(x, y) = (12, 0)$ となります．

　次に，X 財の価格が上昇して 3 になった場合について考えます．**予算制約式**は，

$$3x + 4y = 24 \quad \therefore x = 8 - \frac{4}{3}y \tag{3}$$

で，**効用関数**に代入すれば，

$$u = x + y = 8 - \frac{4}{3}y + y = 8 - \frac{1}{3}y$$

となり，効用水準 u が最大になるのは，$y = 0$ の時で $u = 8$ になります．

　効用を価格上昇前の $u = 12$ と同じにするには，x をあと 4 つ買えばよいことがわかります．x の価格は 3 なので，$4 \times 3 = 12$ が求める所得の増加分となります．

　したがって，正しい選択肢は 3 となります．

【問題 4.5（需要関数）】財 1，財 2 の 2 つの財を消費する消費者の効用関数が

$$u = x_1^2 x_2^3$$

（u：効用水準，x_1：財 1 の消費量，x_2：財 2 の消費量）

で与えられています．また，この消費者は，財 1 の価格が p_1（> 0），財 2 の価格が p_2（> 0），所得が I のもとで，効用を最大化しているものとします．

このとき，この消費者と同じ効用関数を持つ消費者が 100 人いた時の市場全体の財 1 の需要関数として，妥当なものを解答群から選びなさい．ただし，X_1 は市場全体の需要量であるとします．

1. $X_1 = \dfrac{40I}{p_1}$　　2. $X_1 = \dfrac{50I}{2p_1}$　　3. $X_1 = \dfrac{I}{p_1}$　　4. $X_1 = \dfrac{2I}{5p_1}$　　5. $X_1 = \dfrac{I}{40p_1}$

（国家公務員一般職試験 行政職）

【解答】予算制約式は，

$$x_1 p_1 + x_2 p_2 = I \tag{1}$$

で，財 1 の需要量 x_1 を求めるために，式(1)から求めた，

$$\therefore x_2 = \frac{I - x_1 p_1}{p_2}$$

を効用関数 u に代入すれば，

$$u = x_1^2 x_2^3 = x_1^2 \left(\frac{I - x_1 p_1}{p_2} \right)^3 \tag{2}$$

効用の最大を求めるために式(2)を微分[3]した

$$\frac{du}{dx_1} = 2x_1 \frac{dx_1}{dx_1} \left(\frac{I - x_1 p_1}{p_2} \right)^3 + x_1^2 \times 3 \left(\frac{I - x_1 p_1}{p_2} \right)^2 \times \frac{d\left(\frac{I - x_1 p_1}{p_2} \right)}{dx_1}$$

$$= 2x_1 \left(\frac{I - x_1 p_1}{p_2} \right)^3 + x_1^2 \times 3 \left(\frac{I - x_1 p_1}{p_2} \right)^2 \times \left(\frac{-p_1}{p_2} \right) = 0$$

を整理すれば，

$$2(I - x_1 p_1) - 3x_1 p_1 = 0 \quad \therefore x_1 = \frac{2I}{5p_1}$$

同じ効用関数を持つ消費者が 100 人いたときの市場全体の財 1 の需要量 X_1 は，

$$X_1 = x_1 \times 100 = \frac{2I}{5p_1} \times 100 = \frac{40I}{p_1}$$

となります．したがって，正しい選択肢は 1 となります．

---

3) $y = f(x) \cdot g(x)$ の微分は，$y' = f'(x) \cdot g(x) + f(x) \cdot g'(x)$ となります．

【問題 4.6（社会厚生関数の最大化）】消費者 A と消費者 B の 2 人の消費者，そして私的財 X と公共財 Y の 2 つの財からなる経済を考えます．消費者 A による X 財の消費量を x_A，消費者 B による X 財の消費量を x_B，公共財の消費量を y とし，また，消費者 A，B の効用水準を，それぞれ，u_A，u_B とすると，

$$u_A = x_A\sqrt{y} \qquad u_B = x_B\sqrt{y}$$

で示されます．また，当初，経済には消費者 A と消費者 B の私的財だけが合計 36 存在し，以下の関数にもとづき，公共財が私的財から生産されます．

$$y = \frac{1}{3}x$$

（x：私的財の総使用量）

一方，この経済の社会厚生関数 w は，

$$w = u_A \times u_B$$

です．w を最大化するような (x_A, y) の組合せとして妥当なものを解答群から選びなさい．

1. $(x_A, y) = (6, 4)$ 2. $(x_A, y) = (6, 6)$ 3. $(x_A, y) = (6, 8)$
4. $(x_A, y) = (12, 4)$ 5. $(x_A, y) = (12, 6)$

（国家公務員一般職試験 行政職）

【解答】社会厚生関数 w を最大化するような (x_A, y) の組合せを求めますので，「w を微分して 0 と置く」というイメージを抱くことが大切です．

社会厚生関数 w は，

$$w = u_A \times u_B = x_A\sqrt{y} \times x_B\sqrt{y} = x_A x_B y$$

となります．

ところで，経済には消費者 A と消費者 B の私的財だけが合計 36 存在していましたので，

$$x_A + x_B = 36$$

の関係が成立し，公共財が生産された時，公共財に変化する私的財の総使用量 x は，x_A と x_B が当初の値と相違することに留意すれば，

$$x = 36 - x_A - x_B$$

（公共財が生産された時には $x + x_A + x_B = 36$）

となります．

$y = \frac{1}{3}x$ であることに留意して，社会厚生関数 w を変形すれば，

$$w = u_A \times u_B = x_A\sqrt{y} \times x_B\sqrt{y} = x_A x_B y = x_A x_B \times \frac{1}{3}(36 - x_A - x_B) = \frac{1}{3}(36x_A x_B - x_A{}^2 x_B - x_A x_B{}^2)$$

となり，

$$\frac{\partial w}{\partial x_A} = \frac{1}{3}\left(36x_B - 2x_A x_B - x_B{}^2\right) = 0 \,^{4)} \qquad \therefore 36 - 2x_A - x_B = 0 \tag{1}$$

$$\frac{\partial w}{\partial x_B} = \frac{1}{3}\left(36x_A - x_A{}^2 - 2x_A x_B\right) = 0 \qquad \therefore 36 - x_A - 2x_B = 0 \tag{2}$$

式(1)と式(2)から,

$$x_A = 12, \quad x_B = 12$$

となり,

$$y = \frac{1}{3}x = \frac{1}{3}\left(36 - x_A - x_B\right) = \frac{1}{3}\left(36 - 12 - 12\right) = 4$$

したがって, 正しい選択肢は 4 となります.

【問題 4.7（効用の最大化行動）】 今期と来期の 2 期間で所得の全てを支出する, ある消費者の効用関数が,

$$U = 2C_1 \cdot C_2$$

（U：効用水準, C_1：今期の消費額, C_2：来期の消費額）

であるとします. この消費者は, 今期に 180 の所得を得て, 来期に 231 の所得を得るものとします. また, 今期に貯蓄をすれば来期に 5%の利子が得られるのに対して, 今期に借入れをすれば来期に 10%の利子を支払うものとします. この消費者が, 効用を最大化するために, 今期にとる行動として妥当なものを解答群から選びなさい.

1. 20 の借入れを行う.　　2. 15 の借入れを行う.　　3. 借入れも貯蓄も行わない.
4. 15 の貯蓄を行う.　　5. 20 の貯蓄を行う.

（国家公務員一般職試験 行政職）

【解答】 今期に貯蓄した場合（来期に 5%の利子が得られる場合）と今期に借入れを行う場合（来期に 10%の利子を払う場合）の 2 つに分けて考えます.

(1) 今期に貯蓄した場合（来期に 5%の利子が得られる場合）

　貯蓄（Save）を S とすれば,

　　今期の消費額：$C_1 = 180 - S$

---

4) 関数 $w = f(x_A, x_B)$ において x_A を変数, x_B を定数と考えて微分する場合, $\dfrac{\partial w}{\partial x_A} = \dfrac{\partial w(x_A, x_B)}{\partial x_A}$ のように表します（∂ は, 一般にラウンドまたはデルと読みます）. また, x_A を定数, x_B を変数と考えて微分する場合, $\dfrac{\partial w}{\partial x_B} = \dfrac{\partial w(x_A, x_B)}{\partial x_B}$ と表しますが, 公務員試験では厳密さは要求されませんので, $\dfrac{dw}{dx_A} = \dfrac{dw(x_A, x_B)}{dx_A}$, $\dfrac{dw}{dx_B} = \dfrac{dw(x_A, x_B)}{dx_B}$ と表示しても構いません.

来期の消費額：$C_2 = 231 + 1.05S$

効用関数である$U = 2C_1 \cdot C_2$に代入すれば，

$$U = 2C_1 \cdot C_2 = 2(180 - S)(231 + 1.05S)$$

効用を最大化させるので$dU/dS = 0$を計算すれば，

$$\frac{dU}{dS} = 2(180 - S)'(231 + 1.05S) + 2(180 - S)(231 + 1.05S)'$$

$$= 2 \times (-1)(231 + 1.05S) + 2(180 - S) \times 1.05 = -84 - 4.2S = 0 \quad \therefore S = -20$$

貯蓄なのに$S = -20$となって，この場合は矛盾することになります．

(2) 今期に借入れを行う場合（来期に10%の利子を払う場合）

借入れ（Rent）をRとすれば，

今期の消費額：$C_1 = 180 + R$

来期の消費額：$C_2 = 231 - 1.1R$

効用関数である$U = 2C_1 \cdot C_2$に代入すれば，

$$U = 2C_1 \cdot C_2 = 2(180 + R)(231 - 1.1R)$$

効用を最大化させるので$dU/dR = 0$を計算すれば，

$$\frac{dU}{dS} = 2(180 + R)'(231 - 1.1R) + 2(180 + R)(231 - 1.1R)'$$

$$= 2 \times 1 \times (231 - 1.1R) + 2(180 + R) \times (-1.1) = 66 - 4.4R = 0 \quad \therefore R = 15$$

借入れは$R = 15$となって，正しい選択肢は2であることがわかります．

【問題 4.8（効用の最大化行動）】第 1 期と第 2 期の 2 期間を生きる消費者の効用 U が
$$U = C_1 C_2$$
（C_1：第 1 期の消費額，　C_2：第 2 期の消費額）
で示されているとします．

　この消費者は，第 1 期に 300 の所得を得て，消費額 C_1 と貯蓄 s に振り分けます．また，第 2 期には 210 の所得を得て，この所得と貯蓄 s をもとに，消費額 C_2 を支出します．貯蓄 s につく利子率 r は $r = 0.05$ であるとし，この消費者は，効用 U が最大になるように，消費額 C_1, C_2 を決定するとします．

　いま，A と B の 2 つの場合を考えます．
　　A：第 1 期にのみ 10％の消費税がかかる場合
　　B：第 1 期も第 2 期も消費税がかからない場合
　このとき，A の貯蓄と B の貯蓄に関する次の記述のうち，妥当なものを解答群から選びなさい．

1. A の貯蓄の方が，B の貯蓄より 10 多い．
2. A の貯蓄の方が，B の貯蓄より 25 多い．
3. A の貯蓄の方が，B の貯蓄より 10 少ない．
4. A の貯蓄の方が，B の貯蓄より 25 少ない．
5. A の貯蓄と B の貯蓄は同額である．

（国家公務員一般職試験　行政職）

【解答】解答群を見れば，これは貯蓄 s に関する問題であると気づくと思います．

A：第 1 期にのみ 10％の消費税がかかる場合

　第 1 期の消費額 C_1 と第 2 期の消費額 C_2 は，
$$C_1 = 1.1(300 - s)$$
$$C_2 = 210 + 1.05s$$
となりますので，効用 U は，
$$U = C_1 C_2 = 1.1(300 - s)(210 + 1.05s) = 1.1(300 \times 210 + 300 \times 1.05s - 210s - 1.05s^2)$$
　効用 U を最大にする貯蓄 s は，
$$\frac{dU}{ds} = 1.1(300 \times 1.05 - 210 - 2 \times 1.05s) = 0 \quad \therefore s = 50$$

B：第 1 期も第 2 期も消費税がかからない場合

　第 1 期の消費額 C_1 と第 2 期の消費額 C_2 は，
$$C_1 = 300 - s$$
$$C_2 = 210 + 1.05s$$
となりますので，効用 U は，

$$U = C_1 C_2 = (300 - s)(210 + 1.05s) = 300 \times 210 + 300 \times 1.05s - 210s - 1.05s^2$$

効用 U を最大にする貯蓄 s は，

$$\frac{dU}{ds} = 300 \times 1.05 - 210 - 2 \times 1.05s = 0 \quad \therefore s = 50$$

以上より，A と B は同額ですので，正しい選択肢は 5 となります．

【問題 4.9（効用水準の実現）】 効用を最大化する，ある消費者を考えます．この消費者は，所得の全てを X 財と Y 財の購入に充てており，効用関数が以下のように示されます．

$$u = xy \quad (x \geqq 0, y \geqq 0)$$

（u：効用水準，x：X 財の消費量，y：Y 財の消費量）

この消費者の所得は 120 であり，当初，X 財の価格は 3，Y 財の価格は 15 であったとします．いま，Y 財の価格は 15 で変わらず，X 財の価格のみが 3 から 12 に上昇したとすると，価格の変化前の効用水準を実現するのに必要な最小の所得を解答群から選びなさい．

　　1.　200　　　　2.　240　　　　3.　280　　　　4.　320　　　　5.　360

（国家公務員一般職試験 行政職）

【解答】 価格が変化する前の**予算の制約式**は，

$$3x + 15y = 120 \quad \therefore x = 40 - 5y \tag{1}$$

この式(1)を効用水準に代入すれば，

$$u = xy = (40 - 5y)y = 40y - 5y^2 \tag{2}$$

効用の最大を考えるために，式(2)を微分すれば

$$\frac{du}{dy} = 40 - 10y = 0 \quad \therefore y = 4$$

また，$y = 4$ を式(1)に代入すれば，

$$x = 40 - 5y = 40 - 5 \times 4 = 20$$

となり，$(x, y) = (20, 4)$ に対応する効用は

$$u = xy = 20 \times 4 = 80$$

となります．

　価格が変化した後の予算を M とすれば，**予算の制約式**は，

$$12x + 15y = M \quad \therefore x = \frac{M - 15y}{12} \tag{3}$$

この式(1)を効用水準に代入すれば，

$$u = xy = \frac{M - 15y}{12} \times y = \frac{My - 15y^2}{12} \tag{4}$$

効用の最大を考えるために, 式(2)を微分すれば

$$\frac{du}{dy} = \frac{M - 30y}{12} = 0 \quad \therefore M = 30y$$

また, 価格の変化後も効用水準の $u = 80$ は変わらないことに留意して, $M = 30y$ を式(4)に代入すれば,

$$\frac{My - 15y^2}{12} = \frac{30y \times y - 15y^2}{12} = \frac{15}{12}y^2 = 80 \quad \therefore y = 8$$

また,

$$u = xy = x \times 8 = 80 \quad \therefore x = 10$$

それゆえ, 価格が変化した後の予算 M は,

$$M = 12x + 15y = 12 \times 10 + 15 \times 8 = 240$$

したがって, 正しい選択肢は 2 となります.

【問題 4.10 (所得の最小値)】X 財の消費量を x, Y 財の消費量を y とするとき, ある個人の効用水準 U が

$$U = xy$$

で示されています. X 財の価格が 2, Y 財の価格が 10 のとき, 効用水準 U が 125 となるために必要な所得の最小値を解答群から選びなさい.

　　1. 40　　　　2. 100　　　　3. 125　　　　4. 150　　　　5. 250

(国家公務員一般職試験 行政職)

【解答】所得を I とすれば, **予算の制約式**は,

$$I = 2x + 10y \tag{1}$$

となります.

効用が最大となるように X 財と Y 財の消費量を決めますので, 効用最大化条件から,

$$\frac{\boldsymbol{X}\text{財の限界効用} \boldsymbol{MU_X}}{\boldsymbol{Y}\text{財の限界効用} \boldsymbol{MU_Y}} = \frac{\boldsymbol{X}\text{財の価格}}{\boldsymbol{Y}\text{財の価格}}$$

の関係が成立します.

X 財の限界効用は,

$$MU_X = \frac{\partial u}{\partial x} = y$$

Y 財の限界効用は,

$$MU_Y = \frac{\partial u}{\partial y} = x$$

なので，

$$\frac{MU_X}{MU_Y} = \frac{\frac{\partial u}{\partial x}}{\frac{\partial u}{\partial y}} = \frac{y}{x} = \frac{2}{10} \qquad \therefore 2x = 10y \tag{2}$$

効用水準 U が 125 なので，

$$125 = xy \tag{3}$$

式(2)と式(3)から得られる，

$$y = 5, \quad x = 25$$

を式(1)に代入すれば，

$$I = 2x + 10y = 2 \times 25 + 10 \times 5 = 100$$

したがって，正しい選択肢は 2 となります．

【問題 4.11（最適消費量）】ある消費者が，所得の全てを X 財，Y 財の購入に支出し，この消費者の効用関数が，

$$U = X^2 \cdot Y^3$$

（U：効用水準，X：X 財の消費量，Y：Y 財の消費量）

で示されるとします．

この消費者の所得が 90,000，X 財の価格が 45，Y 財の価格が 60 であるとき，効用最大化をもたらす X 財の最適消費量および Y 財の最適消費量の組合せとして，妥当なものを解答群から選びなさい．

	X 財の最適消費量	Y 財の最適消費量
1.	800	900
2.	900	825
3.	1,000	750
4.	1,100	675
5.	1,200	600

（東京都特別区職員 I 類採用試験）

【解答】予算の制約式は，

$$45X + 60Y = 90,000 \tag{1}$$

となります．

効用が最大となるように X 財と Y 財の**最適消費量**を決めます（一方の効用を上げようとすると，他方の効用が下がるような状態です）ので，**効用最大化条件**である

$$\frac{X財の限界効用MU_X}{Y財の限界効用MU_Y} = \frac{X財の価格(=45)}{Y財の価格(=60)}$$

の関係が成立します.

X 財の限界効用は,

$$MU_X = \frac{\partial U}{\partial X} = 2XY^3$$

Y 財の限界効用は,

$$MU_Y = \frac{\partial U}{\partial Y} = 3X^2Y^2$$

なので,

$$\frac{MU_X}{MU_Y} = \frac{\dfrac{\partial U}{\partial X}}{\dfrac{\partial U}{\partial Y}} = \frac{2XY^3}{3X^2Y^2} = \frac{2Y}{3X} = \frac{45}{60} \qquad \therefore 9X = 8Y \tag{2}$$

式(1)と式(2)より,

$$40Y + 60Y = 90,000 \qquad \therefore Y = 900$$

また, 式(2)に $Y = 900$ を代入すれば,

$$X = 800$$

したがって, 正しい選択肢は 1 となります.

【問題 4.12 (効用水準を最大化する労働時間)】 ある個人は, 労働の供給によってのみ所得を得ており, その効用関数が

$$U = 2\ell y + \ell^2 - 3y$$

ただし, U：効用水準, y：所得, ℓ：余暇時間

であるとします. また, この個人は, 24 時間を保有しており, それを労働時間か余暇時間のいずれかにあてるとします.

1 時間あたりの賃金率が 2 であるとき, 効用水準を最大化する労働時間を解答群から選びなさい.

　　1. 6 時間　　2. 7 時間　　3. 8 時間　　4. 9 時間　　5. 10 時間

(国家公務員一般職試験 行政職)

【解答】 労働時間を W とすれば, 効用水準を最大化する労働時間は, 効用 U を労働時間 W で微分して $dU/dW = 0$ を計算すれば, 求めることができます.

1 時間当たりの賃金率が 2 なので,

$$所得：y = 2W$$

$$余暇時間：\ell = 24 - W$$

となります．これらを**効用関数**に代入すれば，

$$U = 2\ell y + \ell^2 - 3y = 2(24 - W) \times 2W + (24 - W)^2 - 3 \times 2W = 96W - 4W^2 + 24^2 - 2 \times 24W + W^2 - 6W$$

$$= -3W^2 + 42W + 24^2$$

$$\frac{dU}{dW} = -6W + 42 = 0 \quad \therefore W = 7$$

したがって，正しい選択肢は 2 であることがわかります．

【問題 4.13（労働供給関数）】効用を最大化する，ある個人の効用関数が以下のように示されています．

$$u = x(24 - L)$$

（u：効用水準，x：X 財の消費量，L：労働時間 （単位：時間，$0 < L < 24$））

この個人は，労働を供給して得た賃金所得と非労働所得のすべてを X 財の購入にあてるものとし，1 日（24 時間）を労働時間か余暇時間のいずれかにあてるものとします．

X 財の価格を 2，非労働所得を 60 とするとき，この個人の労働供給関数として妥当なものを解答群から選びなさい．ただし，w（$w > 0$）は時間あたりの賃金であるとします．

1. $L = \dfrac{24w}{w+4}$ 2. $L = \dfrac{24w}{w+6}$ 3. $L = 10 - \dfrac{30}{w}$

4. $L = 12 - \dfrac{30}{w}$ 5. $L = 12 - \dfrac{60}{w}$

（国家公務員一般職試験 行政職）

【解答】予算制約式は，

$$wL + 60 = 2x \quad \therefore x = \frac{wL}{2} + 30 \tag{1}$$

式(1)を効用水準 u に代入すれば，

$$u = x(24 - L) = \left(\frac{wL}{2} + 30\right)(24 - L) \tag{2}$$

効用の最大を求めるために式(2)を微分すれば，

$$\frac{du}{dL} = \left(\frac{wL}{2} + 30\right)'(24 - L) + \left(\frac{wL}{2} + 30\right)(24 - L)' = \frac{w}{2}(24 - L) + \left(\frac{wL}{2} + 30\right) \times (-1) = 0$$

$$\therefore L = 12 - \frac{30}{w}$$

したがって，正しい選択肢は 4 となります．

【問題 4.14（期待効用が最大になる行動）】ある個人の効用関数を

$$U = 2\sqrt{w}$$

（U：効用水準，w：所得）

とします．この個人が農業を営む場合，豊作のときは所得が 400，不作のときには所得が 100 となります．また，豊作になる確率と不作になる確率は，それぞれ 60%，40%である とします．

　一方，この個人が隣町にある企業で働くと，農業からの所得はゼロになりますが，企業 から固定給である所得 M をもらえるようになります．この個人は，M が最低限いくらよ りも大きければ，農業を営むのではなく，企業で働くことを選択するでしょうか？　最低 限の所得 M を解答群から選びなさい．ただし，この個人は期待効用が最大になるように行 動するものとします．

　　　　1.　140　　　　2.　225　　　　3.　256　　　　4.　280　　　　5.　324

（国家公務員一般職試験　行政職）

【解答】所得ではなく，**期待効用が最大になるように行動します**ので，

$$豊作の時の効用：U = 2\sqrt{w} = 2\sqrt{400} = 40$$
$$不作の時の効用：U = 2\sqrt{w} = 2\sqrt{100} = 20$$

ただし，豊作になる確率と不作になる確率はそれぞれ 60%，40%ですので，**効用の期待値** は，

$$40 \times 0.6 + 20 \times 0.4 = 32$$

となります．

　企業だけで働くときの効用は，

$$U = 2\sqrt{w} = 2\sqrt{M}$$

なので，

$$2\sqrt{M} > 32 \quad \therefore M > 256$$

したがって，正しい選択肢は 3 となります．

　なお，この問題は，解答群の選択肢を利用しても解くことができます．選択肢 2 の答え $= 225 = 15^2$，選択肢 3 の答え $= 256 = 16^2$ になっていることから，

$$選択肢 2：U = 2\sqrt{w} = 2\sqrt{225} = 30 < 32$$
$$選択肢 3：U = 2\sqrt{w} = 2\sqrt{256} = 32 = 32$$

　それゆえ，企業から最低限 256 よりも多くもらえれば企業で働くことを選択します．

【問題 4.15（貨幣の限界効用）】所得のすべてを X 財と Y 財に支出する，ある消費者の効用関数が次のように与えられているとします．

$$u = (2x + y)y$$

（u：効用水準，x：X 財の消費量，y：Y 財の消費量）

　X 財の価格は 2 ，Y 財の価格は 4 ，所得が 180 であるとき，この消費者の貨幣 1 単位あたりの限界効用を求めなさい．

1. 20　　　2. 30　　　3. 60　　　4. 120　　　5. 180

（国家公務員一般職試験 行政職）

【解答】予算制約式は，

$$2x + 4y = 180 \quad \therefore 2x = 180 - 4y \tag{1}$$

この式を効用関数 $u = (2x + y)y$ に代入すると，

$$u = (2x + y)y = (180 - 4y + y)y = 180y - 3y^2$$

y で微分して $du/dy = 0$ とすれば，

$$\frac{du}{dy} = 180 - 6y = 0 \quad \therefore y = 30$$

$y = 30$ を式(1)に代入すると $x = 30$ となりますので，効用が最大となる均衡点は $(x, y) = (30, 30)$ であることがわかります．

　よって，x の限界効用 $MU_x = \Delta U / \Delta x$ は，$u = (2x + y)y$ であることから，

$$MU_x = \frac{\Delta U}{\Delta x}\left(= \frac{\partial u}{\partial x}\right) = 2y$$

　限界効用 MU を貨幣価格で割ったものが**貨幣一単位あたりの限界効用（貨幣の限界効用）**ですので，X 財の価格は 2 であることに留意すれば，貨幣一単位あたりの限界効用は，

$$\frac{2y}{2} = \frac{2 \times 30}{2} = 30$$

となり，正しい選択肢は 2 であることがわかります．

【補足】y の限界効用 $MU_y = \Delta U / \Delta y$ は，

$$MU_y = \frac{\Delta U}{\Delta y}\left(= \frac{\partial u}{\partial y}\right) = 2x + 2y$$

　貨幣一単位当たりの限界効用は，Y 財の価格が 4 なので，

$$\frac{2x + 2y}{4} = \frac{2 \times 30 + 2 \times 30}{4} = 30$$

となって，同じ結果が得られます．

【問題 4.16（効用の最大化行動）】第 1 財の消費量を x_1，第 2 財の消費量を x_2 とし，これら 2 種類の消費財からなる効用関数が与えられています．第 1 財の価格を $p_1 = 2$，第 2 財の価格を $p_2 = 4$，所得を $I = 50$ として，この I がすべて第 1 財および第 2 財に支出されているものとします．

このとき，消費者が効用を最大化して行動した場合，[ア]〜[エ]の記述について，妥当なものをすべてあげているものを，解答群から選びなさい．

[ア] 効用関数が $u = x_1(2x_2 + 5)$ であれば，消費量の組合せは $(x_1, x_2) = (5, 10)$ となる．

[イ] 効用関数が $u = x_1(2x_2 + 5)$ であれば，貨幣の限界効用は 7.5 となる．

[ウ] 効用関数が $u = \min(x_1, 3x_2)$ であれば，消費量の組合せは $(x_1, x_2) = (15, 5)$ となる．

[エ] 効用関数が $u = x_1 + 3x_2$ であれば，消費量の組合せは $(x_1, x_2) = (25, 0)$ となる．

1.　[ア]，[イ]　　　2.　[ア]，[ウ]　　　3.　[ア]，[エ]　　　4.　[イ]，[ウ]　　　5.　[ウ]，[エ]

（国家公務員一般職試験　行政職）

【解答】「記述[ア]：効用関数が $u = x_1(2x_2 + 5)$ であれば，消費量の組合せは $(x_1, x_2) = (5, 10)$ となる」

第 1 財の価格が $p_1 = 2$，第 2 財の価格が $p_2 = 4$，所得が $I = 50$ ですので，**予算制約式**は，

$$2x_1 + 4x_2 = 50 \quad \therefore x_1 + 2x_2 = 25$$

この式から求めた $x_2 = (25 - x_1) / 2$ を，**効用関数** $u = x_1(2x_2 + 5)$ に代入すると，

$$u = x_1(2x_2 + 5) = 2x_1 \times \frac{25 - x_1}{2} + 5x_1 = -x_1^2 + 30x_1$$

x_1 で微分して $du / dx_1 = 0$ とすると，

$$\frac{du}{dx_1} = -2x_1 + 30 = 0$$

ゆえに，$x_1 = 15$ のときに効用が最大となります．また，$x_1 = 15$ なので $x_2 = 5$ となり，最大効用は，

$$u = x_1(2x_2 + 5) = 15(2 \times 5 + 5) = 225$$

となります．

一方，$(x_1, x_2) = (5, 10)$ について効用を求めてみると

$$u = x_1(2x_2 + 5) = 5(2 \times 10 + 5) = 125$$

となり，最大効用ではありません．したがって，[ア]の記述は誤となり，正解は[ア]が含まれていない 4 あるいは 5 のいずれかです．ただし，選択肢の 4 と 5 にはいずれも[ウ]が含まれていますので，[ウ]の記述は正しいことがわかります．

【記述[エ]が誤になる理由】「記述[エ]：効用関数が $u = x_1 + 3x_2$ であれば，消費量の組合せは $(x_1, x_2) = (25, 0)$ となる」

予算制約式は，

$$2x_1 + 4x_2 = 50 \quad \therefore x_1 + 2x_2 = 25$$

この式から求めた $x_1 = 25 - 2x_2$ を，効用関数 $u = x_1 + 3x_2$ に代入すると，

$$u = x_1 + 3x_2 = 25 - 2x_2 + 3x_2 = x_2 + 25$$

$x_2 = 0$ のときに効用は $u = x_2 + 25 = 0 + 25 = 25$

$x_2 = 1$ のときに効用は $u = x_2 + 25 = 1 + 25 = 26$　（$x_2 = 0$ の場合よりも効用が大きい）

となり，$x_2 = 0$ を含んだ消費量の組合せ $(x_1, x_2) = (25, 0)$ は最大効用にはなりません．よって，記述[エ]は誤となります．

選択肢 5 が誤とわかりましたので，この段階で正しい選択肢は 4 と判断できますが，参考までに，以下に「記述[イ]が正になる理由」を記載しておきます．

【記述[イ]が正になる理由】「記述[イ]：効用関数が $u = x_1(2x_2 + 5)$ であれば，貨幣の限界効用は 7.5 となる」

貨幣の限界効用（貨幣 1 単位あたりの限界効用）は，限界効用を価格で除したものです．

x_1 財の限界効用：$\dfrac{du}{dx_1} = 2x_2 + 5$

x_2 財の限界効用：$\dfrac{du}{dx_2} = 2x_1$

最適点では，均衡点において貨幣の限界効用（限界効用を価格で除したもの）が等しくなりますので，

$$\frac{2x_2 + 5}{2} = \frac{2x_1}{4}$$

予算制約式は，

$$2x_1 + 4x_2 = 50 \quad \therefore x_1 + 2x_2 = 25$$

なので，

$$\frac{25 - x_1 + 5}{2} = \frac{2x_1}{4} \quad \therefore x_1 = 15$$

したがって，**貨幣の限界効用**は，

$$\frac{2x_1}{4} = \frac{2 \times 15}{4} = 7.5$$

となり，[イ]の記述が正しいことがわかります．

【問題 4.17（間接税と直接税）（効用水準）】財 1 ，財 2 の 2 つの財が存在する完全競争市場を考えます．財 1 の価格は 2 ，財 2 の価格は 3 です．合理的な消費者は以下の効用関数を持ち，効用水準を最大化するものとします．また，所得水準は 180 です．

$$u = x_1 x_2$$

（ u ：効用水準， x_1 ：財 1 の消費量， x_2 ：財 2 の消費量）

このとき，政府が財 1 に 1 単位あたり 4 だけの間接税を課したときの効用水準を u_A とします．それに対して，間接税を課す代わりに，間接税で得られる税収と同額の税収が得られるように，この消費者に一定額の直接税を課した場合の効用水準を u_B とします．このとき， u_A と u_B の関係に関する次の記述のうち，妥当なものを解答群から選びなさい．

1. u_B は u_A より 150 だけ大きい．　　2. u_B は u_A より 100 だけ大きい．
3. u_B は u_A より 100 だけ小さい．　　4. u_B は u_A より 150 だけ小さい．
5. u_B は u_A と等しい．

（国家公務員一般職試験　行政職）

【解答】所得が 180 なので，**予算制約式**は，

$$2x_1 + 3x_2 = 180 \quad \therefore x_1 = 90 - \frac{3}{2}x_2 \tag{1}$$

式(1)を**効用関数**に代入すれば，

$$u = x_1 x_2 = \left(90 - \frac{3}{2}x_2\right)x_2 = 90x_2 - \frac{3}{2}x_2{}^2$$

効用が最大の時には， $du/dx_2 = 0$ となりますので，

$$\frac{du}{dx_2} = 90 - 3x_2 = 0 \quad \therefore x_2 = 30$$

また， x_1 は，

$$x_1 = 90 - \frac{3}{2}x_2 = 90 - \frac{3}{2} \times 30 = 45$$

ですので，効用は，

$$u = x_1 x_2 = 45 \times 30 = 1,350$$

となります．

政府が財 1 に 1 単位あたり 4 だけの間接税を課したとき，財 1 の価格は **2+4=6** となりますので，**予算制約式**は，

$$6x_1 + 3x_2 = 180 \quad \therefore x_1 = 30 - \frac{3}{6}x_2 \tag{2}$$

式(2)を**効用関数**に代入すれば，

$$u = x_1 x_2 = \left(30 - \frac{3}{6}x_2\right)x_2 = 30x_2 - \frac{3}{6}x_2{}^2$$

効用が最大の時には， $du/dx_2 = 0$ となりますので，

$$\frac{du}{dx_2} = 30 - x_2 = 0 \quad \therefore x_2 = 30$$

また，x_1 は，

$$x_1 = 30 - \frac{3}{6}x_2 = 30 - \frac{3}{6} \times 30 = 15$$

ですので，効用は，

$$u_A = x_1 x_2 = 15 \times 30 = 450$$

となります．なお，間接税による税収は，財1が1個売れるごとに4の税収が得られますので，$15 \times 4 = 60$ です．

　一方，間接税を課す代わりに，間接税で得られる税収(=60)と同額の税収が得られるように，この消費者に一定額の**直接税を課した場合**，**所得水準は 60 だけ少なくなります**ので，**予算制約式**は，

$$2x_1 + 3x_2 = 180 - 60 = 120 \quad \therefore x_1 = 60 - \frac{3}{2}x_2 \tag{3}$$

式(3)を**効用関数**に代入すれば，

$$u = x_1 x_2 = \left(60 - \frac{3}{2}x_2\right)x_2 = 60x_2 - \frac{3}{2}x_2{}^2$$

効用が最大の時には，$du / dx_2 = 0$ となりますので，

$$\frac{du}{dx_2} = 60 - 3x_2 = 0 \quad \therefore x_2 = 20$$

また，x_1 は，

$$x_1 = 60 - \frac{3}{2}x_2 = 60 - \frac{3}{2} \times 20 = 30$$

ですので，効用は，

$$u_B = x_1 x_2 = 30 \times 20 = 600$$

となります．

　したがって，

$$u_B - u_A = 600 - 450 = 150$$

となりますので，正しい選択肢は 1 であることがわかります．

第 5 章

需要の価格弾力性

●均衡点

　市場経済においては，価格の上がり下がりによって需要量と供給量が調整されます．需要量と供給量が一致するところを**均衡点**といい，そのときの価格を**均衡価格**といいます．自由競争の結果として到達した均衡点では，資源が必要なところに必要なだけ配分されるため，不足や無駄が生じません．

●需要の価格弾力性

　価格弾力性とは，価格の変動によって，ある製品の需要や供給が変化する度合いを示す数値のことです．**需要の価格弾力性**は，

$$需要の価格弾力性 = -\frac{需要の変化率}{価格の変化率}$$

のように表されます．たとえば，ある製品の価格を10％値上げしたときに，需要が5％減少したとすると，この場合の価格弾力性（価格が1％上昇した時の，需要量の変化率）は $-(-5/10) = 0.5$ となります．なお，上式の右辺にはマイナスがついていますが，これは需要の弾力性を正の値にするため（価格が上昇すると需要が減少するため）のものです．それゆえ，

$$需要の価格弾力性 = \left|\frac{需要の変化率}{価格の変化率}\right|$$

のように絶対値記号を用いて表示しても構いません．

　一方，需要量を D，価格を P とすれば，需要の変化率は $\Delta D / D$，価格の変化率は $\Delta P / P$ となりますので，

$$需要の価格弾力性 = -\frac{需要の変化率}{価格の変化率} = -\frac{\Delta D / D}{\Delta P / P} = -\frac{P}{D} \times \frac{\Delta D}{\Delta P}$$

と表すこともできます．

●限界効用 *MU*（Marginal Utility の略語）

　たとえば，効用関数を

$$U(x, y) = x + y$$

とした場合，x 財の限界効用 MU_x と y 財の限界効用 MU_y は，それぞれ，

$$MU_x = \frac{\partial U(x,y)}{\partial x} = 1, \quad MU_y = \frac{\partial U(x,y)}{\partial y} = 1$$

になります.

●限界代替率 *MRS* （Marginal Rate of Substitution の略語）

限界代替率 *MRS*（x 財が 1 単位減少した時に，効用を維持するために必要な y 財の量）は，無差別曲線の傾きや限界効用の比で計算でき，効用関数が $U(x,y) = x+y$ の時には，

$$MRS = \frac{MU_x}{MU_y} = \frac{1}{1} = 1$$

となります．この式から，効用関数が $U(x,y) = x+y$ の場合，x 財が 1 単位減少しても，y 財が 1 単位増えれば効用は維持できることがわかります．

●効用最大化条件

限界効用 MU を貨幣価格で割ったものが，貨幣一単位当たりの限界効用（貨幣の限界効用）になります．2 つの財がある時，最適消費点では，貨幣の限界効用（限界効用を価格で除したもの）が等しくなり，以下の効用最大化条件が成立します．

$$\frac{X\text{財の限界効用}MU_X}{X\text{財の価格}} = \frac{Y\text{財の限界効用}MU_Y}{Y\text{財の価格}} \quad \Rightarrow \quad \frac{X\text{財の限界効用}MU_X}{Y\text{財の限界効用}MU_Y} = \frac{X\text{財の価格}}{Y\text{財の価格}}$$

【問題 5.1（需要の価格弾力性）】ある財の需要曲線と供給曲線がそれぞれ以下のように与えられています．

$$D = 120 - 3p$$
$$S = 2p$$

ただし，D は需要量（Demand），S は供給量（Supply），p は価格（Price）です．

このとき，均衡点における需要の価格弾力性（絶対値）を解答群から選びなさい．

    1. 0.5   2. 1   3. 1.5   4. 2   5. 3

（国家公務員一般職試験 行政職）

【解答】需要量と供給量が一致するところ（$D=S$）が**均衡点**ですので，均衡点における価格 p を求めれば，

$$120 - 3p = 2p \quad \therefore \quad p = 24$$

となります．また，このときの需要量 D は，

$$D = 120 - 3p = 120 - 3 \times 24 = 48$$

となります（もちろん，$D = S = 2p = 2 \times 24 = 48$ としても同じ結果が得られます）．

　需要の価格弾力性を求める公式は，問題文の記号を用いて表すと，

$$需要の価格弾力性 = -\frac{需要の変化率}{価格の変化率} = -\frac{\Delta D / D}{\Delta p / p} = -\frac{p}{D} \times \frac{\Delta D}{\Delta p}$$

です．そこで，$\Delta D / \Delta p = dD / dp$ を求めると，

$$\frac{dD}{dp} = \frac{d(120 - 3p)}{dp} = -3$$

なので，

$$需要の価格弾力性 = -\frac{p}{D} \times \frac{\Delta D}{\Delta p} = -\frac{24}{48} \times (-3) = 1.5$$

　したがって，正しい選択肢は 3 となります．

【別解】価格 $p = 24$ と需要量 $D = 48$ が求まった段階で，以下のようにすれば，需要の価格弾力性を求める公式を忘れていても正解は得られます．

　計算の簡便化をはかるため，上昇した価格が整数になるように考えて，50％増加させた価格を求めると，

$$p = 24 + 12 = 36$$

となります．また，価格が 50％増加したときの需要量は，

$$D = 120 - 3p = 120 - 3 \times 36 = 12$$

となりますが，この 12 の需要量は元の需要量である $D = 48$ の 25％（$12 / 48 \times 100 = 25$％）で，75％減少したことになります．

　したがって，均衡点における**需要の価格弾力性（価格が 1％上昇した時の，需要量の変化率）**は，

$$-(-75 / 50) = 1.5$$

となります．もちろん，

$$|-75 / 50| = 1.5 \quad （絶対値）$$

として求めても構いません．

【問題5.2 （需要の価格弾力性）】ある財の需要関数が,

$$Q = 300 - 5P$$

（Q：需要量, P：価格）

であるとします. いま, この財の需要の価格弾力性が 1.5 であるとき, この財の需要量を解答群から選びなさい.

　　　1. 30 　　　2. 60 　　　3. 80 　　　4. 120 　　　5. 180

（国家公務員一般職試験 行政職）

【解答】需要の価格弾力性を求める公式は, 問題文の記号を用いて表すと,

$$需要の価格弾力性 = -\frac{需要の変化率}{価格の変化率} = -\frac{\Delta Q/Q}{\Delta P/P} = -\frac{P}{Q} \times \frac{\Delta Q}{\Delta P}$$

です.

　与えられた財の需要関数を微分すれば,

$$\frac{dQ}{dP} = -5$$

となります. また,

$$Q = 300 - 5P$$

を変形すれば,

$$P = 60 - \frac{Q}{5}$$

となりますので, 財の需要の価格弾力性が 1.5 であることに留意して, 需要の価格弾力性の公式に代入すれば,

$$1.5 = -\frac{60 - \frac{Q}{5}}{Q} \times (-5) \quad \therefore 1.5 = \frac{300 - Q}{Q} \tag{1}$$

　式(1)を解けば,

$$Q = 120$$

となりますので, 正しい選択肢は 4 となります.

【別解】微分をしなくても正解は得られます. 需要の価格弾力性は,

$$需要の価格弾力性 = \left|\frac{需要の変化率}{価格の変化率}\right| = 1.5$$

ですので, 価格を 10%上げたら需要が 15%減少した場合を考えることにします. この場合の需要関数は,

$$0.85Q = 300 - 5P \times 1.1$$

で,

$$Q = 300 - 5P$$

の両辺を 1.1 倍した

$$1.1Q = 300 \times 1.1 - 5P \times 1.1$$

とを連立させて Q を求めると,

$$Q = \frac{30}{0.25} = 120$$

となります.

【問題 5.3（需要の価格弾力性）】ある財の需要関数が,

$$Q = \frac{1}{10} + \frac{1}{8P}$$

ただし, P（>0）は価格, Q は需要量

であるとします.

　このとき, 需要の価格弾力性が 0.2 以上になる価格 P の範囲として妥当なものを解答群から選びなさい.

　　1.　$0 < P \leqq 5$　　　2.　$0 < P \leqq 8$　　　3.　$5 \leqq P$　　　4.　$8 \leqq P$　　　5.　$10 \leqq P$

（国家公務員一般職試験　行政職）

【解答】需要の価格弾力性を求める公式は, 問題文の記号を用いて表すと,

$$\text{需要の価格弾力性} = -\frac{\text{需要の変化率}}{\text{価格の変化率}} = -\frac{\Delta Q / Q}{\Delta P / P} = -\frac{P}{Q} \times \frac{\Delta Q}{\Delta P}$$

です.

　与えられた財の需要関数である

$$Q = \frac{1}{10} + \frac{1}{8P} = \frac{1}{10} + \frac{1}{8}P^{-1}$$

を微分すれば,

$$\frac{dQ}{dP} = -\frac{1}{8}P^{-2}$$

なので,

$$\text{需要の価格弾力性} = -\frac{P}{Q} \times \frac{\Delta Q}{\Delta P} = -\frac{P}{\dfrac{1}{10} + \dfrac{1}{8P}} \times \left(-\frac{1}{8P^2}\right) = \frac{\dfrac{1}{8P}}{\dfrac{1}{10} + \dfrac{1}{8P}} = \frac{10}{8P + 10}$$

となります. それゆえ,

$$\frac{10}{8P+10} \geqq 0.2 \quad \therefore P \leqq 5 \quad （問題文より，P>0）$$

となりますので，正しい選択肢は 1 となります.

【問題5.4（需要の価格弾力性）】 X 財，Y 財の 2 財を消費する，ある消費者の効用 u が
$$u = x^2 y$$
（x：X 財の消費量，y：Y 財の消費量）

で示されているとします.

　この消費者が，所与の所得 I のもと，効用が最大となるように X 財と Y 財の消費量を決めるとき，X 財の需要の価格弾力性を解答群から選びなさい.

1. $\dfrac{1}{3}$　　　2. $\dfrac{1}{2}$　　　3. 1　　　4. 2　　　5. 3

（国家公務員一般職試験 行政職）

【解答】 X 財の価格を p_X，Y 財の価格を p_Y とすれば，**予算の制約式**は，

$$I = xp_X + yp_Y \tag{1}$$

となります.

　効用が最大となるように X 財と Y 財の消費量を決めます（一方の効用を上げようとすると，他方の効用が下がるような状態です）ので，**効用最大化条件**である，

$$\frac{X財の限界効用MU_x}{Y財の限界効用MU_y} = \frac{X財の価格p_X}{Y財の価格p_Y}$$

の関係が成立します.

　X 財の限界効用は，

$$MU_x = \frac{\partial u}{\partial x} = 2xy$$

　Y 財の限界効用は，

$$MU_y = \frac{\partial u}{\partial y} = x^2$$

なので，

$$\frac{MU_x}{MU_y} = \frac{\dfrac{\partial u}{\partial x}}{\dfrac{\partial u}{\partial y}} = \frac{2xy}{x^2} = \frac{p_X}{p_Y} \quad \therefore 2yp_Y = xp_X \tag{2}$$

　また，X 財の需要の価格弾力性は，

$$X財の需要の価格弾力性 = -\frac{需要の変化率}{価格の変化率} = -\frac{\Delta x \,/\, x}{\Delta p_X \,/\, p_X} = -\frac{\boldsymbol{p_X}}{\boldsymbol{x}} \times \frac{\boldsymbol{\Delta x}}{\boldsymbol{\Delta p_X}} \tag{3}$$

で表されます.

式(3)には p_X に関する項が含まれていますので, この項を求めるために式(1)と式(2)から yp_Y を消去すれば,

$$I = xp_X + \frac{xp_X}{2} = \frac{3xp_X}{2} \quad \therefore \ x = \frac{2}{3} I p_X^{-1} \tag{4}$$

式(4)を p_X で微分すれば,

$$\frac{dx}{dp_X} = -\frac{2}{3} I p_X^{-2} \quad \rightarrow \quad \frac{\Delta x}{\Delta p_X} = -\frac{2}{3} I p_X^{-2} \tag{5}$$

式(3)と式(5)から,

$$X財の需要の価格弾力性 = -\frac{p_X}{x} \times \frac{\Delta x}{\Delta p_X} = -\frac{p_X}{\frac{2}{3} I p_X^{-1}} \times \left(-\frac{2}{3} I p_X^{-2} \right) = 1$$

したがって, 正しい選択肢は 3 となります.

第6章

ワルラス的・マーシャル的価格調整過程

●ワルラスの安定条件

価格を上げたり下げたり調整することによって需要と供給を一致させるという考え方を**ワルラス的価格調整過程**といいます．スーパーの食品のような長持ちしない財を経済学では**非耐久財**と呼びますが，**ワルラス的価格調整過程は非耐久財の場合にあてはまる**とされています．

供給曲線と需要曲線を描いた図 6-1 において，**均衡点から少し上に横棒を引きます．供給曲線 S の方が需要曲線 D よりも右にあれば安定です**．理由は，需要＜供給なので，価格を下げて需要を増加させるため，超過供給が解消されるからです．

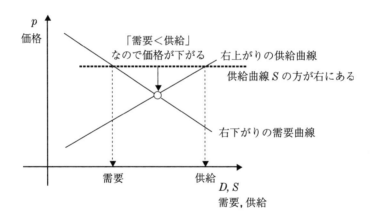

図 6-1　ワルラス的価格調整過程

●マーシャルの安定条件

財の数量が増減して「需要と供給」の不均衡が調整されるという考え方を，**マーシャル的価格調整過程**といいます．ワルラス的価格調整過程の場合とは異なり，**自動車や住宅など長持ちする耐久財の市場の均衡を考える場合に用いられる考え方**になります．

図 6-2 において，均衡点付近の少し右に縦棒を引きます．**供給曲線 S の方が需要曲線 D よりも上にあれば安定です**．理由は，需要者価格＜供給者価格なので，売り手は生産量を減らすため，価格差が解消されるからです．

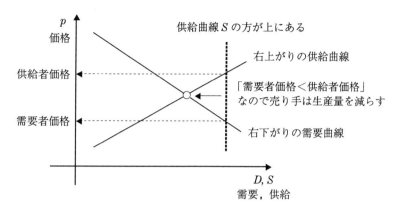

図 6-2 マーシャル的価格調整過程

●クモの巣理論

　クモの巣理論は，ワルラス的価格調整過程やマーシャル的価格調整過程よりもさらに調整速度の遅いモデルになります．クモの巣理論は，農産物など生産と消費に時間のずれがある財にあてはまるとされていています．

　クモの巣理論の安定条件（価格差が縮小し，均衡価格に向かう条件）は，

　　　　需要曲線の傾き（絶対値）＜供給曲線の傾き（絶対値）

です．

40

【問題6.1（ワルラス的・マーシャル的調整過程）】図（問題6-1）は，縦軸に価格を，横軸に需要量・供給量をとり，市場におけるある財の需要曲線を D（破線），供給曲線を S（実線）で表したものです．各均衡点 A，B，C に関する記述として妥当なものを解答群から選びなさい．

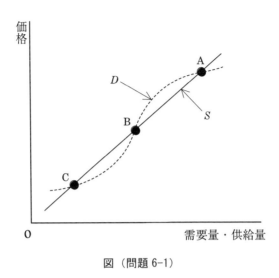

図（問題 6-1）

1. 均衡点 A は，ワルラス的には安定だが，マーシャル的には不安定である．
2. 均衡点 B は，ワルラス的には不安定だが，マーシャル的には安定である．
3. 均衡点 C は，ワルラス的にもマーシャル的にも安定である．
4. 均衡点 A および B は，いずれもワルラス的に安定である．
5. 均衡点 A および C は，いずれもマーシャル的に安定である．

（国家公務員一般職試験 行政職）

【解答】**ワルラス的価格調整過程**の判定は，均衡点から少し上に横棒を引き，供給曲線 S の方が需要曲線よりも右にあれば「安定」です（理由は，需要＜供給なので，価格を下げて需要を増加させるため，超過供給が解消されるからです）．一方，**マーシャル的価格調整過程**の判定は，均衡点付近で少し右に縦棒を引き，供給曲線 S が需要曲線 D よりも上にあれば安定です（理由は，需要者価格＜供給者価格なので，売り手は生産量を減らすため，価格差が解消されるからです）．

　均衡点 A：ワルラス的に不安定，マーシャル的に安定
　均衡点 B：ワルラス的に安定，マーシャル的に不安定
　均衡点 C：ワルラス的に不安定，マーシャル的に安定
したがって，正しい選択肢は 5 になります．

【問題 6.2（ワルラス的・マーシャル的調整過程）】図（問題 6-2）のア～オは，縦軸に価格を，横軸に需要量・供給量をとり，市場におけるある商品の需要曲線を *DD*，供給曲線を *SS* で示したものですが，このうち，ワルラス的調整過程において市場均衡が不安定であり，マーシャル的調整過程において市場均衡が安定であり，およびクモの巣の調整過程において市場均衡が安定であるものを解答群から選びなさい．

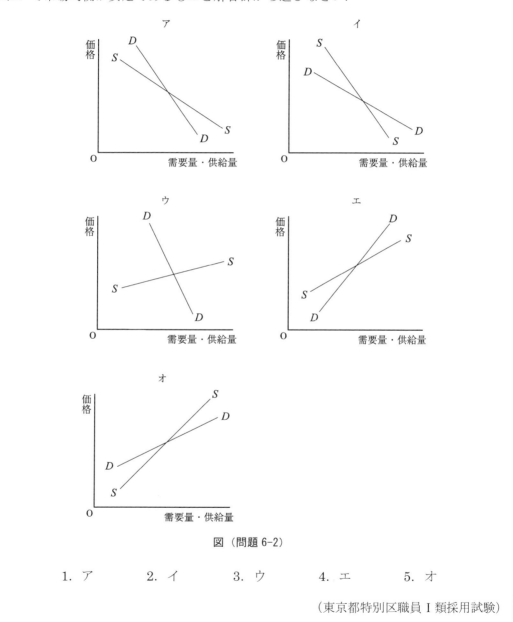

図（問題 6-2）

1．ア　　　　2．イ　　　　3．ウ　　　　4．エ　　　　5．オ

（東京都特別区職員Ⅰ類採用試験）

【解答】ワルラス的価格調整過程の判定は，均衡点から少し上に横棒を引き，供給曲線 *S* の方が需要曲線よりも右にあれば「安定」です（理由は，需要＜供給なので，価格を下げて需

要を増加させるため，超過供給が解消されるからです）．一方，**マーシャル的価格調整過程**の判定は，均衡点付近で少し右に縦棒を引き，供給曲線 S が需要曲線 D よりも上にあれば安定です（理由は，需要者価格＜供給者価格なので，売り手は生産量を減らすため，価格差が解消されるからです）．

> ワルラス的に不安定：ア，オ
>
> マーシャル的に安定：ア，ウ，オ

　一方，**クモの巣理論の安定条件**（価格差が縮小し，均衡価格に向かう条件）は，

> 需要曲線の傾き（絶対値）＜供給曲線の傾き（絶対値）

ですので，アとオに着目すると，クモの巣の調整過程において市場均衡が安定なのはオであることがわかります．

　したがって，正しい選択肢は 5 になります．

【問題6.3（ワルラス的・マーシャル的調整過程）】図（問題6-3）は，縦軸に価格を，横軸に需要量・供給量をとり，市場におけるある商品の需要曲線を *DD*，供給曲線を *SS* とし，その2つの曲線の交点をそれぞれ点A，点B，点Cで表したものですが，この図（問題6-3）に関する記述として，妥当なものを解答群から選びなさい．

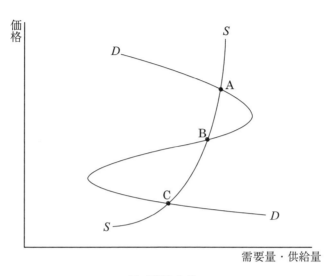

図（問題6-3）

1. A点の市場均衡は，ワルラス的調整過程では不安定，マーシャル的調整過程では不安定，クモの巣の調整過程では安定である．

2. A点の市場均衡は，ワルラス的調整過程では安定，マーシャル的調整過程では安定，クモの巣の調整過程では不安定である．

3. B点の市場均衡は，ワルラス的調整過程では不安定，マーシャル的調整過程では安定，クモの巣の調整過程では安定である．

4. C点の市場均衡は，ワルラス的調整過程では不安定，マーシャル的調整過程では安定，クモの巣の調整過程では安定である．

5. C点の市場均衡は，ワルラス的調整過程では安定，マーシャル的調整過程では不安定，クモの巣の調整過程では不安定である．

（東京都特別区職員Ⅰ類採用試験）

【解答】**ワルラス的価格調整過程**の判定は，均衡点から少し上において横棒を引き，供給曲線*S*の方が需要曲線よりも右にあれば「安定」です（理由は，需要＜供給なので，価格を下げて需要を増加させるため，超過供給が解消されるからです）．一方，**マーシャル的価格調整過程**の判定は，均衡点付近で少し右に縦棒を引き，供給曲線*S*が需要曲線*D*よりも上にあれば安定です（理由は，需要者価格＜供給者価格なので，売り手は生産量を減らすため，価格差が解消されるからです）ので，以下のように判定できます．

　　点 A：ワルラス的に安定，マーシャル的に安定

　　点 B：ワルラス的に不安定，マーシャル的に安定

　　点 C：ワルラス的に安定，マーシャル的に安定

　以上より，正解は 2 か 3 のいずれかです．

　一方，**クモの巣理論**の安定条件（価格差が縮小し，均衡価格に向かう条件）は，

需要曲線の傾き（絶対値）＜供給曲線の傾き（絶対値）

ですので，点 A と点 B はクモの巣的に安定です．

　したがって，正しい選択肢は 3 になります．

第7章

長期均衡

●限界費用 MC (Marginal Cost)

限界費用とは，生産量を増加させたときに追加でかかる費用のことをいいます．たとえば，毎日，自動車を 100 台生産している工場があったとして，その工場が一日の生産台数を 1 台増やして 101 台にしたときに，追加でかかる費用のことです．

●長期均衡価格

長期均衡とは，「会社がどんどん増えていってお互いが競争し，**結果として儲けがなくなってしまう状態**」のことをいいます（長期均衡では，儲けがなくなりますので，これ以上，新しい会社が増えることはありません）．

長期均衡では，

$$P（価格）= MC（限界費用）= AC（平均費用）$$

が成り立ち，平均費用の最小値（ $d(AC)/dx = 0$ で求まる生産量 x ）で生産が行われます．

●サンク費用 (Sunk Cost)

回収ができなくなった投資費用のことで，埋没原価，埋没コストとも呼ばれています．

【問題 7.1（完全競争）（長期均衡における価格）】完全競争下の産業について，どの企業の費用条件も同一であり，それぞれの企業の費用関数が，

$$C = X^3 - 6X^2 + 90X$$

（ C ：総費用， X ：財の生産量）

で示されるとします．企業の参入・退出が自由であるとして，この産業の長期均衡における価格を解答群から選びなさい．ただし，財の生産量 X は 0 より大きいものとします．

    1. 3   2. 9   3. 27   4. 81   5. 243

（東京都特別区職員 I 類採用試験）

【解答】企業の参入・退出が自由とは**完全競争**のことですので，**利潤最大化条件**は，

価格 P ＝限界費用 MC

です．また，**長期均衡では利潤＝0**，すなわち，

$$価格\,P = 平均費用\,AC$$

が成り立ちます．

限界費用 MC は，

$$MC = \frac{dC}{dX} = 3X^2 - 12X + 90 \tag{1}$$

平均費用 AC は，

$$AC = \frac{C}{X} = X^2 - 6X + 90 \tag{2}$$

式(1)と式(2)を等置すれば，

$$3X^2 - 12X + 90 = X^2 - 6X + 90 \quad \therefore X(X-3) = 0 \quad \rightarrow \quad X = 3$$

したがって，

$$価格\,P = 平均費用\,AC = 3^2 - 6 \times 3 + 90 = 81$$

となり，正しい選択肢は 4 となります．

【**問題 7.2**　（**完全競争市場**）（**長期均衡価格**）】完全競争市場のもとにある産業において各企業の長期費用関数が

$$C = 2x^3 - 24x^2 + 120x$$

（C：総費用，　x：生産量）

で示され，すべての企業で同一であるとします．ただし，生産量 x は 0 より大きいものとします．このとき，この産業の長期均衡価格を解答群から選びなさい．

    1．48   2．50   3．56   4．66   5．72

（国家公務員一般職試験　行政職）

【**解答**】長期均衡においては，

$$\boldsymbol{P}（価格）= \boldsymbol{MC}（限界費用）= \boldsymbol{AC}（平均費用）$$

の関係が成り立ちます．

平均費用 AC は，総費用 C を生産量 x で割れば，

$$AC（平均費用）= \frac{C}{x} = 2x^2 - 24x + 120 = x^2 - 12x + 60 \tag{1}$$

長期均衡においては平均費用の最小値で生産が行われます．そこで，平均費用の最小値を求めるために，式(1)を微分すれば，

$$\frac{d(AC)}{dx} = 2x - 12 = 0 \quad \therefore x = 6$$

　限界費用 MC は，追加的に 1 単位増加したときの生産費用の増加分ですから，総費用 C を生産量 x で微分して，

$$MC（限界費用）=\frac{dC}{dx}=6x^2-48x+120 \tag{2}$$

$x=6$ を式(2)に代入すれば，

$$MC（限界費用）=6x^2-48x+120=6\times6^2-48\times6+120=48$$

となります．ところで，

$$MC（限界費用）=P（価格）$$

ですので，長期均衡価格は 48 となり，正しい選択肢は 1 となります．

【問題 7.3（完全競争市場）（長期均衡における企業数）】完全競争市場において，ある財 X を複数の企業が供給しています．すべての企業の総費用関数は同一で，

$$C=x^3-2x^2+3x$$

で表されるものとします．ただし，C は各企業の総費用，x は各企業の財 X の生産量であり，

$$x>0$$

です．また，財 X に対する市場全体の需要曲線は，

$$D=16-2p$$

で示されるとします．ただし，D は市場全体の財 X の需要量，p は財 X の価格とします．

　ここで，この市場へは自由に参入退出が可能であるとき，長期均衡における企業の数を解答群から選びなさい．

　　　1.　12　　　　2.　14　　　　3.　16　　　　4.　18　　　　5.　20

（国家公務員一般職試験 行政職）

【解答】長期均衡においては，

平均費用 AC = 限界費用 MC

の関係が成り立ちます．ここで，**平均費用 AC** は C/x なので，

$$\frac{C}{x}=\frac{x^3-2x^2+3x}{x}=x^2-2x+3 \tag{1}$$

また，**限界費用 MC** を求めるために dC/dx を計算すれば，

$$\frac{dC}{dx}=3x^2-4x+3 \tag{2}$$

式(1)と式(2)を等置して x を求めると，

$$x^2-2x+3=3x^2-4x+3 \quad \therefore x(x-1)=0$$

ゆえに，$x=1$（$x=0$ は意味のない解）となりますが，この $x=1$ は各企業の財 X の生産量に

対応しています.

一方, **限界費用 MC** $(= dC/dx)$ は,

$$\frac{dC}{dx} = 3x^2 - 4x + 3 = 3 \times 1^2 - 4 \times 1 + 3 = 2$$

で, 完全競争の均衡点においてこれが価格 p になります. また, $p = 2$ を財 X に対する市場全体の需要曲線に代入すると, 市場全体の財 X の需要量 D は,

$$D = 16 - 2p = 16 - 2 \times 2 = 12$$

となります.

ところで, 各企業の財 X の生産量は $x = 1$ ですので, 求める答え (長期均衡における企業の数) は,

$$12/1 = 12$$

となります.

したがって, 正しい選択肢は 1 となります.

【問題 7.4 (完全競争市場) (長期均衡における企業数)】価格を p, 需要量を X としたとき, 市場の需要関数が

$$X = 100 - p$$

で表されているとします. また, 生産量を y (> 0), 企業の総費用を C としたとき, 企業の費用関数が

$$C = y^2 + 25$$

であるとします. ただし, 固定費用はサンク費用ではなく, すべて回収できるものとします. また, 市場が完全競争的であり, 企業は利潤を最大化しているとします. さらに, どの企業も同じ費用関数を持っています.

このとき, 各企業の市場への参入や市場からの退出が自由な長期において, 市場に存在する企業の数を解答群から選びなさい.

　　　1.　10　　　　2.　12　　　　3.　15　　　　4.　18　　　　5.　20

(国家公務員一般職試験 行政職)

【解答】長期均衡においては,

平均費用 AC = 限界費用 MC

の関係が成り立ちます. そこで, 平均費用 **AC** $(= C/y)$ を求めれば,

$$\frac{C}{y} = \frac{y^2 + 25}{y} = y + \frac{25}{y} \tag{1}$$

また, **限界費用 MC** $(= dC/dy)$ を求めれば,

$$\frac{dC}{dy} = 2y \qquad\qquad (2)$$

さらに，式(1)と式(2)から生産量 y を求めると，

$$y + \frac{25}{y} = 2y \quad \therefore \ y = 5 \qquad (\because y > 0)$$

が得られます．

$y = 5$ を式(2)に代入すれば，限界費用 dC/dy は，

$$\frac{dC}{dy} = 2y = 2 \times 5 = 10 \qquad （完全競争の均衡点における価格）$$

で，市場の需要関数である

$$X = 100 - p$$

に代入すれば，需要量 X は

$$X = 100 - p = 100 - 10 = 90$$

ところで，$y = 5$ は 1 企業あたりの生産量ですので，企業数は

$$\frac{90}{5} = 18$$

となり，正しい選択肢は 4 となります．

第 8 章

利　潤

●利潤最大化行動

　利潤は「売上－費用」で計算でき，**完全競争市場では企業は利潤を最大化する行動をとります**．一方，**独占市場では**，独占企業は需要曲線を知っており，利潤を最大化させるため，**生産量を需要量に一致させるように生産します**．

●外部性

　ある経済主体の行動が他の経済主体に影響を及ぼすことを**外部性**といいます．

●外部不経済

　外部不経済とは，企業活動などにより引き起こされる環境破壊や健康被害などを解決するための費用を，社会が負担する状態のことをいいます（「ある経済主体が外部から受ける不利な影響のことを意味する用語」として用いられることもあります）．

●逆需要関数

　需要量を D，価格を P としたとき，たとえば，

$$D = 10 - P$$

のように，「$D =$」と書かれている式が**需要関数**です．
　一方，

$$P = 10 - D$$

のように，「$P =$」の形に変形した式を**逆需要関数**といいます．

●可変費用と固定費用

　可変費用とは生産量に依存する費用のことで，具体的には原材料費や人件費がこれにあたります．一方，**固定費用**とは生産量に依存しない費用（生産量が 0 であってもかかる費用）のことで，機械などの設備の費用がこれにあたります．

●限界収入（MR：Marginal Revenue の略語）

　「生産量を 1 単位増加させたときの総収入の増加分」が**限界収入**（MR）です．限界収入 MR は，総収入（$TR = $ 価格 $P \times$ 生産量 D）を微分して求めることができます．

●限界費用（MC：marginal cost の略語）

　「生産量を 1 単位増加させたときに追加でかかる費用」が**限界費用**です．限界費用 *MC* は，固定費用・変動費用を合わせた総費用 *TC*（Total cast）を生産量 *x* で微分して求めることができます．ちなみに，**完全競争市場**における**利潤最大化条件**は，

$$価格 P ＝限界費用 MC$$

です．

●パレート最適

　資源配分をどのように変更を行っても，現状以上には社会的により好ましい状態を達成できないことを**パレート最適**といいます．

●限界費用価格形成原理

　限界費用価格形成原理では，**限界費用と価格を等しく設定**することから，完全競争市場の原理を導入することになります．それゆえ，社会的余剰（利益）の最大化（パレート最適）を実現することができますが，価格が平均費用を下回ってしまうことがありますので，赤字を補填するためには，政府の補助金が必要になることがあります．

●平均費用価格形成原理

　平均費用価格形成原理では，**平均費用と価格を等しく設定**しますので，損失は発生せず，独立採算を実現することができます．

●シュタッケルベルグ競争

　シュタッケルベルグ競争は，ミクロ経済学における**寡占**（少数の企業だけで市場を支配した）モデルであり，情報優位にある**先導者**（Leader）とされる寡占企業が生産量（価格）を決定した後に，**追随者**（Follower）が生産量（価格）決定を行うと考えるもので，**シュタッケルベルグ先導者モデル**とも呼ばれています．なお，シュタッケルベルグ競争の結果にたどり着く状態を**シュタッケルベルグ均衡**といいます．シュタッケルベルグ均衡では，先導者は相手が追随者であることを知った上で，利潤を最大化します（先導者の利潤最大化条件は「**限界収入＝限界費用**」）．

●クールノー競争

　クールノー競争は，少数の売り手しかいない**寡占市場**（2 社しか売り手がいない場合は**複占市場**）における企業の戦略モデルであり，ライバル関係にある寡占企業が生産量を変えない（常に一定である）と前提して自社の生産量を決定するという考え方です（両企業は，利潤最大化条件である「**限界収入＝限界費用**」となるように生産量を決定します）．

●独占市場

独占市場（1 社だけしか売り手がいない市場）では，企業は価格を決定する（供給量を調整して間接的に価格を調整する）ことができます．すなわち，**独占企業は，自らの利潤が最大となるように生産量を調整する**ことで，市場全体で決まる価格に影響を与えることができます．なお，**完全競争市場の利潤最大化条件**は，「価格＝限界費用」（$P = MC$）ですが，**独占企業の利潤最大化条件**は，「限界収入＝限界費用」（$MR = MC$）になります．

●ラーナーの独占度

ラーナーは，独占企業の価格支配力の強さを競争価格からの乖離度，すなわち，

$$L = \frac{価格P - 限界費用MC}{価格P}$$

で表しましたが，これを**ラーナーの独占度**と呼んでいます（完全自由競争では，$P = MC$なので$L = 0$となります）．ちなみに，**ラーナーの独占度は需要の価格弾力性の逆数に一致します**．

●価格弾力性

価格弾力性とは，価格の変動によって，ある製品の需要や供給が変化する度合いを示す数値のことで，**需要の価格弾力性**の場合は，

$$需要の価格弾力性 = \left| \frac{需要の変化率}{価格の変化率} \right|$$

で表されます．たとえば，ある製品の価格を 10%値上げしたときに，需要が 5%減少したとすると，この場合の価格弾力性は 5/10 ＝ 0.5 となります．

●プライスキャップ規制とヤードスティック規制

価格に上限を定めるのが**プライスキャップ規制**です．一方，**ヤードスティック規制**は，地域独占状態の複数の事業者間に，間接的に競争状況を作り出すための価格規制を行うことで，最優良企業の料金を基準として効率化を促すものです．参考までに，ヤードスティックの英語は yardstick であり，「物差し，基準」という意味になります．

【**問題 8.1(完全競争市場)（利潤）**】完全競争市場において，ある財を生産し販売している企業の平均費用が，

$$AC = X^2 - 12X + 90$$

ただし，AC：平均費用，X（$X \geqq 0$）：財の生産量

で表されるとします．

財の価格が 150 であるとき，この企業の利潤が最大となる財の生産量を解答群から選びなさい．

　　　1．9　　　　2．10　　　　3．11　　　　4．12　　　　5．13

(東京都特別区職員 I 類採用試験)

【**解答**】完全競争市場における利潤最大化条件は，

$$価格 P = 限界費用 MC \tag{1}$$

平均費用が

$$AC = X^2 - 12X + 90$$

ですので，**全体の生産費用（トータルコスト）**TCは，

$$TC = AC \times X = (X^2 - 12X + 90) \times X = X^3 - 12X^2 + 90X$$

よって，限界費用MCは，

$$MC = \frac{d(TC)}{dX} = 3X^2 - 24X + 90 \tag{2}$$

財の価格は$P = 150$ですので，式(1)と式(2)から，

$$3X^2 - 24X + 90 = 150$$

変形して，

$$X^2 - 8X - 20 = 0 \quad \therefore (X - 10)(X + 2) = 0$$

$X \geqq 0$ なので，$X = 10$ となります．

したがって，正しい選択肢は 2 となります．

【問題 8.2（完全競争市場）（利潤が最大となる生産量）】ある製品を生産する企業が 2 つの工場を保有しており、それぞれの工場における費用関数は、

$$C_1 = 20 + 2x_1^2, \quad C_2 = 40 + 3x_2^2$$

ただし、C_i：工場 i の総費用、x_i：工場 i の生産量 $(i = 1, 2)$

で示されます。完全競争市場における製品の価格が 360 であるとき、この企業の利潤が最大となるときの、各工場の生産量 x_1、x_2 の組合せとして妥当なものを解答群から選びなさい。

	x_1	x_2
1.	50	100
2.	90	60
3.	120	240
4.	150	100
5.	200	160

（国家公務員一般職試験 行政職）

【解答】完全競争市場では、企業は利潤を最大化する行動をとります。利潤は「売上－費用」で計算できますので、

$$利潤 = 売上 - 費用 = 360(x_1 + x_2) - (C_1 + C_2) = 360(x_1 + x_2) - (20 + 2x_1^2 + 40 + 3x_2^2)$$

変数は x_1 と x_2 の 2 つで、**最大値を求める問題（変数で微分して 0 とする解法）** を考えれば、

$$\frac{\partial(利潤)}{\partial x_1} = 360 - 4x_1 = 0 \quad \therefore x_1 = 90$$

$$\frac{\partial(利潤)}{\partial x_2} = 360 - 6x_2 = 0 \quad \therefore x_2 = 60$$

各工場の生産量 x_1、x_2 は、$(x_1, x_2) = (90, 60)$ ですので、正しい選択肢は 2 となります。

【問題 8.3（短期の完全競争市場）】図（問題 8-3）は，短期の完全競争市場において，縦軸に単位あたりの価格・費用を，横軸に生産量をとり，ある企業が生産する製品についての平均費用曲線を AC，平均可変費用曲線を AVC，限界費用曲線を MC で表したものですが，この図（問題 8-3）に関する記述として，妥当なものを解答群から選びなさい．ただし，点 B，C および D はそれぞれ平均費用曲線，平均可変費用曲線および限界費用曲線の最低点であるとします．

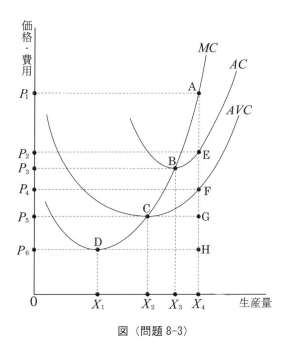

図（問題 8-3）

1. 製品の価格が P_1 で生産量が X_4 であるとき，限界費用と価格が点 A で一致し，企業の利潤は最大となる．

2. 製品の価格が P_1 で生産量が X_4 であるとき，固定費用は平均固定費用に生産量 X_4 を掛けたものであるから，面積 P_1AEP_2 に等しい．

3. 製品の価格が P_3 で生産量が X_3 であるとき，価格が平均固定費用の最小値および限界費用と等しくなるが，このときの点 B を損益分岐点という．

4. 製品の価格が P_5 で生産量が X_2 であるとき，損失は発生するが，可変費用と固定費用の一部は賄うことができるので，企業は生産の継続を選択する．

5. 製品の価格が P_6 で生産量が X_1 であるとき，企業の最適生産量はゼロになり，このときの点 D を操業停止点という．

（東京都特別区職員 I 類採用試験）

【解答】以下に述べたように，正解の選択肢は 1 となります．

選択肢 1 ：○

完全競争市場における，**利潤最大化条件**は，

$$価格\ P＝限界費用\ MC$$

であり，記述の通りです．

選択肢2：×

平均固定費用＝平均費用曲線 AC －平均可変費用曲線 AVC ＝EF

であり，固定費用は P_2EFP_4 になります．「固定費用は面積 P_1AEP_2 に等しい」が誤です．

選択肢3：×

平均固定費用ではなく，平均費用 AC が正しいです．

選択肢4：×

総収入は面積 P_5CX_2O に相当し，平均可変費用は同じく面積 P_5CX_2O に相当します．これでは固定費用を賄うことはできません．また，点 C は限界費用曲線上にあり，生産の継続と停止はどちらでも可能です．

選択肢5：×

操業停止点は点 D ではなく，点 C（限界費用 MC と平均可変費用 AVC が交わる点）です．ちなみに，可変費用とは生産量に依存する費用のことで，具体的には原材料費や人件費がこれにあたります．一方，固定費用とは生産量に依存しない費用（生産量が 0 であってもかかる費用）のことで，機械などの設備の費用がこれにあたります．

【問題8.4（外部性）（利潤合計の最大化）】 X 財を生産する企業 1 と Y 財を生産する企業 2 の間には外部性が存在し，企業 1 は企業 2 に外部不経済を与えているとします．企業 1 の費用関数は，

$$c_1 = 2x^2$$

（x：企業 1 の生産量，c_1：企業 1 の総費用）

で表されるものとします．他方，企業 2 の費用関数は，

$$c_2 = 2y^2 + 8x$$

（y：企業 2 の生産量，c_2：企業 2 の総費用）

で表され，企業 2 は企業 1 の生産量 x に影響を受け，損害（追加的費用）を受けているとします．X 財と Y 財の価格は完全競争市場において決定され，X 財の価格は 80，Y 財の価格は 60 とします．

　いま，二企業間で外部性に関して交渉が行われ，二企業の利潤の合計を最大化するように生産量を決めることが合意された場合，企業 1 の生産量 x を解答群から選びなさい．なお，交渉のための取引費用は一切かからないものとします．

> 1.　10　　　　2.　15　　　　3.　18　　　　4.　20　　　　5.　24

（国家公務員一般職試験　行政職）

【解答】 企業1の利潤（＝売上−費用）は，

$$企業1の利潤 = 80x - c_1 = 80x - 2x^2$$

で，企業 2 の利潤（＝売上−費用）は，

$$企業2の利潤 = 60y - c_2 = 60y - (2y^2 + 8x) = -2y^2 + 60y - 8x$$

となります．よって，**企業 1 と企業 2 の利潤の合計**は，

$$企業1 + 企業2の利潤合計 = (80x - 2x^2) + (-2y^2 + 60y - 8x) \tag{1}$$

となります．

　式(1)を x と y でそれぞれ偏微分すれば，

$$\frac{\partial(企業1と企業2の利潤合計)}{\partial x} = 80 - 4x - 8 = 0 \quad \therefore x = 18$$

$$\frac{\partial(企業1と企業2の利潤合計)}{\partial y} = -4y + 60 = 0 \quad \therefore y = 15$$

それゆえ，

$$(x, y) = (18, 15)$$

の時に，合計利潤が最大になり，二企業間で外部性に関して交渉が行われ，二企業の利潤の合計を最大化するように生産量を決めることが合意された場合，企業1の生産量 x は $x = 18$ となります．

　したがって，正しい選択肢は **3** となります．

【問題 8.5 (外部不経済) (企業の利潤最大化)】 X 財を生産する企業 1 と Y 財を生産する企業 2 の間には外部性が存在し, 企業 1 の生産活動が企業 2 に外部不経済を与えているとします. 2 つの企業の費用関数はそれぞれ以下の通りとします.

$$c_1 = x^2$$

c_1: 企業 1 の総費用, x: 企業 1 の X の生産量

$$c_2 = y^2 + xy$$

c_2: 企業 2 の総費用, y: 企業 2 の Y の生産量

いま, X 財と Y 財の市場価格はそれぞれ 40 と 50 であり, 一定であるものとします. このとき, 合理的で利潤を最大化する二企業間で外部不経済に関して交渉が行われないときの二企業の利潤の合計の大きさと, 二企業間で外部不経済に関して交渉が行われ, 二企業の利潤の合計を最大化するときの二企業の利潤の合計の大きさの差を解答群から選びなさい. ただし, 交渉が行われる場合において, 交渉のための取引費用は一切かからないものとします.

　　　1. 75　　　2. 90　　　3. 105　　　4. 120　　　5. 135

(国家公務員一般職試験 行政職)

【解答】 ここでの **外部不経済** は, ある経済主体が外部から受ける不利な影響を表す用語として用いられています.

① 二企業間で外部不経済に関して交渉が行われないときの二企業の利潤の合計

交渉がないため, それぞれの企業が利潤最大化を行います. 利潤は「売上－費用」ですので,

企業 1 の利潤 $= 40x - x^2$

$$\frac{d(企業1の利潤)}{dx} = 40 - 2x = 0 \quad \therefore x = 20$$

企業 1 の利潤 $= 40x - x^2 = 40 \times 20 - 20^2 = 400$

企業 2 の利潤 $= 50y - (y^2 + xy)$

$$\frac{d(企業2の利潤)}{dy} = 50 - 2y - x = 0$$

$x = 20$ を代入すれば, $y = 15$

企業 2 の利潤 $= 50y - (y^2 + xy) = 50 \times 15 - (15^2 + 20 \times 15) = 225$

利潤の合計は, $400 + 225 = 625$

② 二企業の利潤の合計を最大化するときの二企業の利潤の合計

利潤の合計 = 企業 1 の利潤 + 企業 2 の利潤 $= 40x - x^2 + 50y - (y^2 + xy)$

x を変数, y を定数と考えて偏微分すれば,

$$\frac{\partial(利潤の合計)}{\partial x} = 40 - 2x - y = 0 \tag{1}$$

x を定数，y を変数と考えて偏微分すれば，

$$\frac{\partial (利潤の合計)}{\partial y} = 50 - 2y - x = 0 \tag{2}$$

式(1)と式(2)を連立させて解けば，

$$x = 10, \quad y = 20$$

となりますので，

$$利潤の合計 = 40x - x^2 + 50y - (y^2 + xy) = 40 \times 10 - 10^2 + 50 \times 20 - (20^2 + 10 \times 20) = 700$$

以上より，利潤合計の差は，

$$700 - 625 = 75$$

となます．

したがって，正しい選択肢は 1 となります．

【問題 8.6（完全競争）（総費用と生産量）】ある企業の生産関数が以下のように示されています．

$$Y = \sqrt{KL}$$

ここで，Y（>0）は生産量，K（>0）は資本投入量，L（>0）は労働投入量です．資本の要素価格が 4，労働の要素価格が 9 のとき，完全競争下で生産した場合の，この企業の総費用 TC を生産量 Y の式として表したものを解答群から選びなさい．

1.　$TC = 1.5Y$　　2.　$TC = 5Y$　　3.　$TC = 12Y$　　4.　$TC = 13Y$　　5.　$TC = 36Y$

（国家公務員一般職試験　行政職）

【解答】利潤は，

利潤＝総収入－総費用

です．ここで，**問題文には与えられていない価格を P とすれば**，

$$総収入 = 価格\ P \times 生産量\ Y$$

$$総費用\ TC = 賃金 \times 労働量\ L + レンタル料 \times 資本量\ K = 9L + 4K \tag{1}$$

なので，

$$利潤 = 総収入 - 総費用 = PY - 9L - 4K = PK^{0.5}L^{0.5} - 9L - 4K$$

利潤最大化条件より，

$$\frac{\partial (利潤)}{\partial K} = 0.5PK^{-0.5}L^{0.5} - 4 = 0 \quad \therefore PK^{-0.5}L^{0.5} = 8 \tag{2}$$

$$\frac{\partial (利潤)}{\partial L} = 0.5PK^{0.5}L^{-0.5} - 9 = 0 \quad \therefore PK^{0.5}L^{-0.5} = 18 \tag{3}$$

式(2)と式(3)から，

$$K = \frac{9}{4}L \tag{4}$$

式(4)を生産関数に代入すれば,

$$Y = \sqrt{KL} = K^{0.5}L^{0.5} = \left(\frac{9}{4}L\right)^{0.5}L^{0.5} = \frac{3}{2}L \tag{5}$$

式(1)～式(3)から,

$$TC = 9L + 4K = 9L + 9L = 18L = 18 \times \frac{2}{3}Y = 12Y$$

したがって,正しい選択肢は 3 となります.

【補足】完全競争市場における利潤最大化条件である,

$$\frac{資本の限界生産力 \dfrac{\partial Y}{\partial K}}{労働の限界生産力 \dfrac{\partial Y}{\partial L}} = \frac{レンタル料 r}{賃金 w}$$

という関係式を用いても解くことができます.

$Y = \sqrt{KL} = K^{0.5}L^{0.5}$ なので,

$$\frac{\partial Y}{\partial K} = 0.5K^{-0.5}L^{0.5}, \quad \frac{\partial Y}{\partial L} = 0.5K^{0.5}L^{-0.5}$$

レンタル料（資本の要素価格） $r = 4$,賃金（労働の要素価格） $w = 9$ を上式に代入して整理すれば,

$$\frac{L}{K} = \frac{4}{9} \quad \therefore K = \frac{9}{4}L \rightarrow Y = K^{0.5}L^{0.5} = \left(\frac{9}{4}L\right)^{0.5}L^{0.5} = \frac{3}{2}L \rightarrow L = \frac{2}{3}Y$$

したがって,企業の総費用 TC は,

$$企業の総費用 TC = wL + rK = 9L + 4K = 9L + 4 \times \frac{9}{4}L = 18L = 18 \times \frac{2}{3}Y = 12Y$$

となります.

> 【問題 8.7（複占市場）（クールノー競争）】ある財を生産する事業者 A と事業者 B からなる複占市場を考えます．財の需要量 q と価格 p の関係は，以下のように示されます．
>
> $$q = 12 - p$$
>
> また，両者はいずれも限界費用 6 で財を生産するものとし，数量競争を行います．このとき，クールノー・ナッシュ均衡における価格を解答群から選びなさい．
>
> 　　　1. 2　　　　　2. 4　　　　　3. 6　　　　　4. 8　　　　　5. 10
>
> 　　　　　　　　　　　　　　　　　　　　　　　　（国家公務員一般職試験　行政職）

【解答】著者なら，受験者が誤解しないように，「財の需要量 q と価格 p の関係は」ではなく，「事業者 A と事業者 B を合わせた財の需要量 q と価格 p の関係は」と表示します．**経済学の問題を解いていると，このように受験者が誤解するような表現も見受けられますので，問題文を正しく読み解くことが大切です．**

　事業者 A と事業者 B の生産量をそれぞれ a，b と置けば，

$$a + b = 12 - p \quad \rightarrow \quad p = 12 - a - b \tag{1}$$

　クールノー競争は，少数の売り手しかいない**寡占市場**における企業の戦略モデルであり，ライバル関係にある寡占企業が生産量を変えない（常に一定である）と前提して自社の生産量を決定するという考え方です（両企業は，利潤最大化条件である「**限界収入＝限界費用**」となるように生産量を決定します）．参考までに，**ナッシュ均衡**とは，ゲームの参加者全員が，与えられたルールのもとで，自分の利得が最大となる戦略を選択しあっている状態をいいます．

事業者 A

　限界収入は，

$$\text{収入} = pa = 12a - a^2 - ab$$

なので，

$$\text{限界収入} = \frac{\partial(pa)}{\partial a} = 12 - 2a - a = 12 - 3a$$

　「**限界収入＝限界費用**」の関係が成立しますので，

$$12 - 3a = 6 \quad \therefore a = 2 \tag{2}$$

事業者 B

　限界収入は，

$$\text{収入} = pb = 12b - ab - b^2$$

なので，

$$\text{限界収入} = \frac{\partial(pb)}{\partial b} = 12 - a - 2b$$

　「**限界収入＝限界費用**」の関係が成立しますので，

$$12 - a - 2b = 6 \quad \therefore a + 2b = 6 \tag{3}$$

式(2)と式(3)から,

$$b = 2$$

$a = 2$ と $b = 2$ を式(1)に代入すれば,

$$p = 12 - a - b = 12 - 2 - 2 = 8$$

したがって, 正しい選択肢は 4 となります.

【問題 8.8（寡占市場）（シュタッケルベルグ均衡）】 ある財の市場は, 先に生産量を決定するリーダーの企業 A と, それを受けて生産量を決定するフォロワーの企業 B の 2 社による寡占市場となっています. この市場における逆需要関数は,

$$P = 380 - 3(X_A + X_B)$$

であるとします. ここで, P は財の価格, X_A は企業 A の生産量, X_B は企業 B の生産量を表します. また, 二企業とも費用関数は,

$$C_i = 20X_i + 50$$

であるとします. ここで, C_i は企業 i （$i = $ A, B）の総費用, X_i は企業 i （$i = $ A, B）の生産量を表します. このとき, シュタッケルベルグ均衡における企業 A の生産量はいくらか求めなさい.

1. 30　　　2. 40　　　3. 45　　　4. 60　　　5. 90

（国家公務員一般職試験 行政職）

【解答】 まず, フォロワー（追随者）である企業 B の利潤を考えます.

企業Bの利潤 = 売上 − 費用 = $P \times X_B - C_B = \{380 - 3(X_A + X_B)\} \times X_B - (20X_B + 50)$

$$= -3X_B{}^2 + 360X_B - 3X_A X_B - 50$$

企業 B の利潤を最大化させる生産量には,

$$\frac{\partial（企業Bの利潤）}{\partial X_B} = -6X_B + 360 - 3X_A = 0 \tag{1}$$

の関係が成立しますが, これを**反応関数**といいます（相手側の生産量 X_A は一定と考えます）.

次に, リーダー（先導者）である企業 A の利潤を考えますが, リーダー（先導者）の利潤最大化条件は「限界収入＝限界費用」であることに留意が必要です. 企業 A の売上（収入）は,

企業Aの売上（収入）= $P \times X_A = \{380 - 3(X_A + X_B)\} \times X_A = 380X_A - 3X_A{}^2 - 3X_A X_B$ $\tag{2}$

式(2)に式(1)の X_B を代入して整理すれば,

$$\text{企業Aの売上（収入）}=380X_A-3X_A{}^2-3X_A\times\left(\frac{360-3X_A}{6}\right)=200X_A-\frac{3}{2}X_A{}^2 \qquad (3)$$

限界収入は

$$\text{限界収入}=\frac{\partial\left(\text{企業Aの売上（収入）}\right)}{\partial X_A}=200-3X_A$$

また，限界費用は，

$$\text{限界費用}=\frac{\partial C_A}{\partial X_A}=\frac{\partial(20X_A+50)}{\partial X_A}=20$$

リーダー（先導者）の利潤最大化条件は「**限界収入＝限界費用**」であることから，

$$200-3X_A=20 \quad \therefore X_A=60$$

したがって，正しい選択肢は 4 となります．

【問題 8.9（寡占市場）（シュタッケルベルグ均衡）】同質的な財 X を生産する企業 1，企業 2 からなる複占市場において，X の需要関数が，

$$D=32-P$$

（D：財 X の需要量，P：財 X の価格）

で表されるとします．また，企業 1，企業 2 の費用関数はそれぞれ，

$$C_1=2Q_1+10$$

（C_1：企業 1 の総費用，Q_1：企業 1 の生産量）

$$C_2=4Q_2$$

（C_2：企業 2 の総費用，Q_2：企業 2 の生産量）

で表されるとします．

　企業 1 が先導者，企業 2 が追随者として行動するとき，シュタッケルベルグ均衡における企業 1，企業 2 のそれぞれの生産量の組合せとして，妥当なものを解答群から選びなさい．

	企業 1 の生産量	企業 2 の生産量
1.	6	11
2.	9	10
3.	12	7
4.	16	6
5.	19	3

（東京都特別区職員 I 類採用試験）

【解答】複占市場なので市場全体の需要は，

$$D=Q_1+Q_2$$

です．それゆえ，財 X の価格 P は，

$$Q_1 + Q_2 = 32 - P \quad \therefore P = 32 - Q_1 - Q_2$$

となります．

　まず，**追随者である企業 2 の利潤**を考えます．

$$\text{企業2の利潤} = \text{売上} - \text{費用} = P \times Q_2 - C_2 = (32 - Q_1 - Q_2)Q_2 - 4Q_2$$

$$= 32Q_2 - Q_1Q_2 - Q_2{}^2 - 4Q_2 = 28Q_2 - Q_1Q_2 - Q_2{}^2$$

企業 2 の利潤を最大化させる生産量は，

$$\frac{\partial\,(\text{企業2の利潤})}{\partial Q_2} = 28 - Q_1 - 2Q_2 = 0 \qquad \therefore Q_2 = 14 - \frac{1}{2}Q_1 \tag{1}$$

　次に，先導者である企業 1 の利潤を考えますが，**先導者の利潤最大化条件は「限界収入＝限界費用」**であることに留意が必要です．企業 1 の売上（収入）は，

$$\text{企業1の売上（収入）} = P \times Q_1 = (32 - Q_1 - Q_2)Q_1 = 32Q_1 - Q_1{}^2 - Q_2Q_1 \tag{2}$$

式(2)に式(1)の Q_2 を代入して整理すれば，

$$\text{企業1の売上（収入）} = 32Q_1 - Q_1{}^2 - Q_2Q_1 = 32Q_1 - Q_1{}^2 - \left(14 - \frac{1}{2}Q_1\right)Q_1 = 18Q_1 - \frac{1}{2}Q_1{}^2$$

限界収入は

$$\text{限界収入} = \frac{\partial\bigl(\text{企業1の売上（収入）}\bigr)}{\partial Q_1} = 18 - Q_1$$

また，**限界費用**は，

$$\text{限界費用} = \frac{\partial C_1}{\partial Q_1} = \frac{\partial(2Q_1 + 10)}{\partial Q_1} = 2$$

先導者の利潤最大化条件である**「限界収入＝限界費用」**から，

$$18 - Q_1 = 2 \quad \therefore Q_1 = 16$$

$Q_1 = 16$ を式(1)に代入すれば，$Q_2 = 6$ となります．

　したがって，正しい選択肢は 4 となります．

【**問題 8.10（ラーナーの独占度）**】ある財を独占的に供給する独占企業の直面する市場需要関数が

$$x = 120 - p$$

で示されるとします．また，その独占企業の総費用関数が

$$c = x^2$$

で示されるとします．ここで，x は数量，p は価格，c は総費用です．

　この時，独占均衡においてラーナーの独占度（需要の価格弾力性の逆数と等しい）を解答群から選びなさい．

　　1. $\dfrac{1}{3}$　　　2. $\dfrac{1}{2}$　　　3. 1　　　4. 2　　　5. 3

（国家公務員一般職試験 行政職）

【**解答**】独占均衡とは，利潤を最大化する価格と数量に他なりません．なぜなら，

　　　利潤＝総収入 *TR*（Total Revenue の略語）－ 総費用 *TC*（Total Cost の略語）　　　(1)

において，独占企業は利潤が 0 になるまで，生産を続けるので，式(1)を微分して，

　　　　　　1 個追加で生産販売した時の利益

　　＝1 個追加した時の収入（限界収入 *MR*）－1 個追加した時の費用（限界費用 *MC*）

すなわち，

　　　0＝限界収入*MR*－限界費用*MC*　→　**限界収入*MR*＝限界費用*MC***

　　　　　　　　　　　　　　　　　　　　　　（独占企業の利潤最大化条件）

となるからです．

　利潤＝売上－費用ですが，

$$売上＝価格\,p \times 個数\,x = p(120 - p)$$
$$費用\,c = x^2$$

ですので，

　　利潤＝ $p(120 - p) - x^2 = p(120 - p) - (120 - p)^2 = 120p - p^2 - (120 \times 120 - 2 \times 120p + p^2)$

そこで，利潤が最大となる価格 p を求めれば，

$$\frac{d(利潤)}{dp} = 120 - 2p - (-240 + 2p) = -4p + 360 = 0 \quad \therefore\ p = 90$$

$p = 90$ を $x = 120 - p$ に代入すれば，数量 x は，

$$x = 30$$

となります．

　需要の価格弾力性とは，価格が 1%上昇した時，需要量が何%減少するかを表す値です．価格を 10%上昇させたときの価格は，

$$p = 90 + 90 \times 0.1 = 99$$

で，この時の需要量は，

$$x = 120 - p = 120 - 99 = 21$$

となって

$$(30 - 21) / 30 \times 100 = 30\ \%$$

減少します．価格の上昇が 1%の場合は，減少が 3%になりますので，価格弾力性は 3 となります．

したがって，**ラーナーの独占度は価格弾力性の逆数**を求めて $\frac{1}{3}$ となり，正しい選択肢は 1 となります．

【補足】独占企業の利潤最大化条件である「限界収入MR＝限界費用MC」を適用して，利潤が最大となる価格 p と数量を x を求めてみます．

限界収入 MR は，総収入 TR が

$$総収入\,TR = p(120 - p) = 120p - p^2$$

なので，

$$限界収入\,MR = \frac{d(TR)}{dp} = 120 - 2p$$

限界費用 MC は，総費用 TC が

$$総費用\,TC = x^2 = (120 - p)^2 = 120^2 - 240p + p^2$$

なので，

$$限界費用\,MC = \frac{d(TC)}{dp} = -240 + 2p$$

「限界収入MR＝限界費用MC」なので，

$$120 - 2p = -240 + 2p \quad \therefore\ p = 90$$

$p = 90$ を $x = 120 - p$ に代入すれば，

$$x = 30$$

となります．

【問題 8.11（ラーナーの独占度）】ある独占企業において供給されるある財の生産量を Q，価格を P，平均費用を AC とし，この財の需要曲線が，

$$P = 16 - 2Q$$

で表され，また，平均費用曲線が，

$$AC = Q + 4$$

で表されるとします．この独占企業が利潤を最大化する場合のラーナーの独占度の値を解答群から選びなさい．

1. $\dfrac{1}{3}$　　　2. $\dfrac{2}{3}$　　　3. $\dfrac{1}{4}$　　　4. $\dfrac{3}{4}$　　　5. $\dfrac{1}{6}$

（東京都特別区職員 I 類採用試験）

【解答】独占企業の利潤最大化条件は，

$$限界収入 MR = 限界費用 MC \tag{1}$$

です．限界収入 MR は，売上が

$$売上 = P \times Q = (16 - 2Q) \times Q = 16Q - 2Q^2$$

なので，

$$限界収入 MR = \frac{d(売上)}{dQ} = \frac{d(16Q - 2Q^2)}{dQ} = 16 - 4Q \tag{2}$$

限界費用 MC は，トータル費用 TC が，

$$TC = AC \times Q = (Q + 4) \times Q = Q^2 + 4Q$$

なので，

$$限界費用 MC = \frac{d(TC)}{dQ} = \frac{d(Q^2 + 4Q)}{dQ} = 2Q + 4 \tag{3}$$

式(1)に式(2)と式(3)を代入すれば，

$$16 - 4Q = 2Q + 4 \quad \therefore Q = 2$$

が得られます．

独占企業の利潤を最大化する価格は，

$$P = 16 - 2Q = 16 - 2 \times 2 = 12$$

となります．ラーナーの独占度を求める公式は，

$$L = \frac{価格 P - 限界費用 MC}{価格 P}$$

であり，この式に，$P = 12$ と $MC = 2Q + 4 = 2 \times 2 + 4 = 8$ を代入すれば，

$$L = \frac{価格 P - 限界費用 MC}{価格 P} = \frac{12 - 8}{12} = \frac{4}{12} = \frac{1}{3}$$

したがって，正しい選択肢は 1 となります．

【問題 8.12（独占市場）（市場の均衡）】図（問題 8-12）は，ある売り手独占市場における市場需要曲線，限界収入曲線，限界費用曲線，平均費用曲線を描いたものです．

　このとき，市場の均衡に関する次の記述のうち，妥当なものを解答群から選びなさい．ただし，x を数量，p を価格としたとき，

$$市場需要曲線が\ x = 20 - 2p,$$
$$限界収入\ MR\ が\ MR = 10 - x,$$
$$限界費用\ MC\ が\ MC = 2,$$
$$平均費用\ AC\ が\ AC = 2 + 24/x$$

と表されています．

1. 売り手独占者が価格支配力を行使したときの均衡における価格は 8，数量は 4 である．
2. 売り手独占者が価格支配力を行使したときの均衡における利潤は 8 である．
3. 売り手独占者に対して，政府が独立採算（利潤も赤字もない状態）を義務付けたときの均衡における価格は 2，数量は 16 である．
4. 売り手独占者が価格支配力を行使せず，限界費用価格形成原理によって決定したときの均衡における価格は 2，数量は 8 である．
5. 売り手独占者が価格支配力を行使せず，限界費用価格形成原理によって決定したときの均衡における利潤は 12 である．

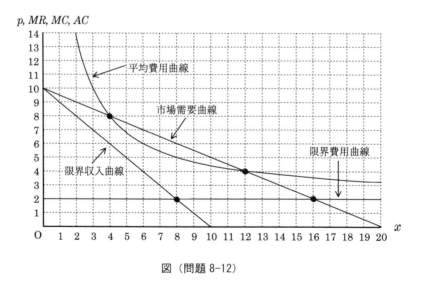

図（問題 8-12）

（国家公務員一般職試験　行政職）

【解答】「売上＝価格 p ×数量 x」ですので，

$$売上＝価格\ p\ ×数量\ x = px$$

費用は，平均費用 AC が $AC = 2 + 24/x$ で，数量が x ですので，

$$費用 = AC \times x = (2 + 24/x) \times x = 2x + 24$$

「利潤＝売上－費用」ですので，

$$利潤＝売上－費用 = px - 2x - 24$$

市場需要曲線が $x = 20 - 2p$ ですので，

$$利潤 = p(20 - 2p) - 2(20 - 2p) - 24 = -2p^2 + 24p - 64$$

利潤を最大化する条件から，

$$\frac{d(利潤)}{dp} = -4p + 24 = 0 \quad \therefore p = 6$$

　価格が $p = 6$ なので，数量は，

$$x = 20 - 2p = 20 - 2 \times 6 = 8$$

で，売上は，

$$売上＝価格 p \times 数量 x = px = 6 \times 8 = 48$$

となります．

　平均費用 AC は

$$AC = 2 + 24/x = 2 + 24/8 = 5 \quad \therefore 費用 = 5 \times 8 = 40$$

ですので，利潤は，

$$利潤＝売上－費用 = 48 - 40 = 8$$

となります．

　したがって，正しい選択肢は 2 となります．

【補足説明】

「選択肢 3：売り手独占者に対して，政府が独立採算（利潤も赤字もない状態）を義務付けたときの均衡における価格は 2，数量は 16 である」

　利潤も赤字もない状態ですから，$p = 2$ と $x = 16$ を下の式に代入すれば，

$$利潤＝売上－費用 = px - 2x - 24 = 2 \times 16 - 2 \times 16 - 24 = -24 \neq 0$$

利潤は 0 にはなりませんので，この記述は誤となります．

「選択肢 4：売り手独占者が価格支配力を行使せず，限界費用価格形成原理によって決定したときの均衡における価格は 2，数量は 8 である」

　限界費用価格形成理論では「限界費用＝価格」ですので，価格 $p =$ 限界費用 $MC = 2$ を市場需要曲線式に代入すれば，数量 x は

$$x = 20 - 2p = 20 - 2 \times 2 = 16 \neq 8$$

したがって，この記述は誤となります．

「選択肢 5：売り手独占者が価格支配力を行使せず，限界費用価格形成原理によって決定したときの均衡における利潤は 12 である」

　利潤を求めれば，

$$利潤＝売上－費用 = px - 2x - 24 = 2 \times 16 - 2 \times 16 - 24 = -24 \neq 12$$

したがって，この記述は誤となります．

【問題 8.13（独占企業の利潤最大化行動）（限界費用価格形成原理）】価格支配力を持ち，平均費用の逓減が著しい，ある独占企業について，この企業の生産物に対する逆需要関数 $p(x)$，費用関数 $C(x)$ がそれぞれ，

$$p(x) = 500 - x$$
$$C(x) = 100x + 30{,}000$$

（x : 生産量）

で示されているとします。

　この企業が利潤を最大化した場合の価格を p_A，政府からの限界費用価格規制を受けた場合の価格を p_B とします。p_A と p_B の関係について妥当な記述を解答群から選びなさい。

　　1. p_A の方が p_B より 250 小さい。　　2. p_A の方が p_B より 200 小さい。
　　3. p_A の方が p_B より 200 大きい。　　4. p_A の方が p_B より 250 大きい。
　　5. p_A と p_B は同じ大きさである。

（国家公務員一般職試験　行政職）

【解答】独占企業の利潤最大化条件は，「限界収入＝限界費用」（$MR = MC$）です。ここで，限界収入 MR は，

$$総収入\,TR = 価格\,p(x) \times 生産量\,x = (500 - x)x$$

を微分すれば求まり，

$$MR = \frac{d(TR)}{dx} = 500 - 2x$$

となります。また，限界費用 MC は費用関数 TC を微分することで求まりますので，

$$MC = \frac{dC}{dx} = 100$$

ゆえに，

$$500 - 2x = 100 \quad \therefore x = 200$$

となり，企業が利潤を最大化した場合の価格 p_A は，

$$p_A = 500 - x = 500 - 200 = 300$$

となります。

　一方，政府からの限界費用価格規制を受けた場合とは，「価格＝限界費用」（$P = MC$）となるように政府が規制することですので，

$$500 - x = 100 \quad \therefore x = 400$$

となり，価格 p_B は，

$$p_B = 500 - 400 = 100$$

となります。

以上より,

$$p_A - p_B = 300 - 100 = 200$$

となり, 正しい選択肢は 3 となります.

【問題 8.14（限界費用価格形成原理）（平均費用価格形成原理）】公益企業への価格政策に関する記述として, 妥当なものを解答群から選びなさい.

1.　限界費用価格形成原理とは, 公益企業に対し, 価格を限界費用と一致するように規制することであり, 社会的余剰の最大化を実現するが, 赤字を補填するためには, 政府の補助金が必要となることがある.
2.　平均費用価格形成原理とは, 公益企業に対し, 価格を平均費用と一致するように規制することであり, 独立採算が実現することはない.
3.　公益企業によるピークロード価格は, 需要の多いピークの時間帯の料金を安くし, 需要の少ないオフピークの時間帯の料金を高く設定する料金である.
4.　ヤードスティック規制は, 公益企業の価格の引上げ率に上限を定めずに, 価格に上限を定め, その範囲で公益企業が自由に価格を決めるものである.
5.　二部料金制を採用して社会的余剰を最大にするには, 利用量に関係ない一定の基本料金と, 平均費用価格形成原理による従量料金を設定しなければならない.

（東京都特別区職員 I 類採用試験）

【解答】以下に述べるように, 正しい選択肢は 1 となります.

選択肢 1：○

　限界費用価格形成原理では, **限界費用と価格を等しく設定**することから, 完全競争市場の原理を導入することになります. それゆえ, 社会的余剰（利益）の最大化（パレート最適）を実現することができますが, 価格が平均費用を下回ってしまうことがありますので, 赤字を補填するためには, 政府の補助金が必要になることがあります.

選択肢 2：×

　平均費用価格形成原理では, **平均費用と価格を等しく設定**しますので, 損失は発生せず, 独立採算を実現することができます.「独立採算が実現することはない」が誤.

選択肢 3：×

　公益企業によるピークロード価格は, 需要の多いピークの時間帯は料金を高くし, 需要の少ないオフピークの時間帯は料金を低くします.

選択肢 4：×

　価格に上限を定めるのは**プライスキャップ規制**です. 一方, **ヤードスティック規制**は, 地域独占状態の複数の事業者間に, 間接的に競争状況を作り出すための価格規制を行うことで,

最優良企業の料金を基準として効率化を促すものです.

選択肢5：×

　社会的余剰（利益）を最大にするには，資源を最大限利用されている状態にする必要があります．資源配分の効率化すなわちパレート最適達成のためには，平均費用価格形成原理ではなく限界費用価格形成原理によらなければなりません．

第9章

余　剰

●余剰

　消費者や生産者が得られる利益のことを**余剰**といいます.

●消費者余剰

　消費者余剰は消費者が得をしたと思った部分で, 図 9-1 において均衡価格から上方で需要曲線を囲んだ部分（着色した三角形 $P_0 P_1 E$ ）で示すことができます. 理由は, 消費者は P_0 の価格で買ってもよいと思っていたのに, もっと安い P_1 の価格で買えたので得をしたと思うからです.

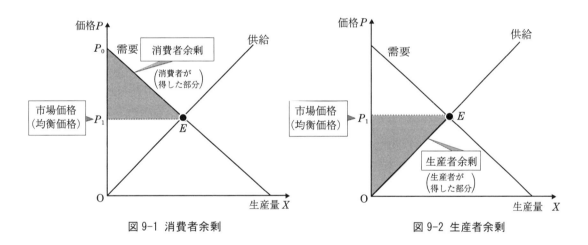

図 9-1 消費者余剰　　　　　　　　　　　図 9-2 生産者余剰

●生産者余剰

　生者者余剰は生産者が得をしたと思った部分で, 図 9-2 において均衡価格から下方で供給曲線を囲んだ部分（着色した三角形 $P_1 OE$ ）で示すことができます. 理由は, 生産者は P_1 より安い価格で売ってもよいと思っていたのに上手く P_1 で売ることができたので, 得をしたと思うからです.

●社会的余剰（総余剰）

　図 9-3 において, 消費者余剰（△ABE）と生産者余剰（△BOE）を合わせた△AOE（消費者余剰+生産者余剰）を**社会的余剰（総余剰）**といいます.

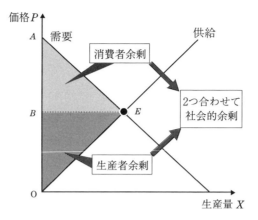

図 9-3　社会的余剰（総余剰）

●厚生の損失（余剰の損失）

　厚生の損失（余剰の損失）とは，完全競争市場で実現する社会的余剰（総余剰）に対して，**社会的余剰（総余剰）が減少した部分**を指し，誰も得をしないので**死荷重**とも呼ばれています．

　以下，図 9-4 を用いて，**課税**した場合について説明します．t 円だけ課税した場合，販売価格が上昇しますので，課税後の供給曲線 S' は S から t 円だけ上方に移動し，均衡点は E から E' に移動します．また，この時の均衡価格は $P^{*'}$ ですので，課税後の消費者余剰と生産者余剰はそれぞれ △ $P_1 P^{*'} E'$ と △ $P^{*'} P_2 E'$ となります．ただし，租税を考える場合は，政府が得る税収を考慮する必要があります．税収額は，

$$税収額＝1 単位あたりの税額×供給単位数$$

で求めることができ，平行四辺形の $P_2 O E'' E'$ に対応します．なお，税収はいずれ社会に還元されるという考えにもとづき，**税収がある場合の社会的余剰**は，

社会的余剰＝消費者余剰+生産者余剰+税収

となります．したがって，課税がある場合の社会的余剰は，台形 $P_1 O E'' E'$ となり，**厚生の損失**は △ $E'' E' E$ の部分になります．

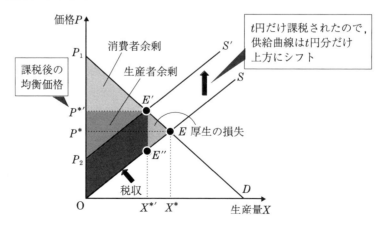

図 9-4 厚生の損失（余剰の損失）

●私的費用と社会的費用

コスト（費用）には**私的費用**と**社会的費用**があります．通常，労賃，原材料費などの費用は，発生者である企業によって負担されますが，このように発生者が費用を負担するものを**私的費用**と呼んでいます．一方，企業が負担していない公共設備の建設費や公害による医療費などを**社会的費用（社会的コスト）**と呼んでいます．

●私的限界費用と社会的限界費用

企業の限界費用とは，生産量を1単位増やすのにかかる費用のことです．これは，企業が私的に負担する費用なので**私的限界費用（*PMC*** : Private Marginal Cost の略語）と呼ばれています．一方，生産量を1単位増やしたときに他人が被る損失額の増加分は**限界損失**と呼ばれています．この**私的限界費用と限界損失の和**が，社会全体で負担する費用（外部効果を考慮した限界費用）である**社会的限界費用（*SMC*** : Social Marginal Cost の略語）となります．

●外部不経済と外部経済

外部性（外部効果）のうち，他の経済主体にとって不利に働くものを**外部不経済**といい，たとえば，公害をあげることができます．これに対して，他の経済主体にとって有利に働くものを**外部経済**といいます．

●ピグー的課税

ピグー的課税とは，ある経済活動が社会に被害（悪影響）を及ぼす場合，それを是正するために企業等の経済主体に対して課す税のことです．一般に，経済活動に必要な費用（私的限界費用）と社会的被害相当額（社会的限界費用）の差額分を税として課します．

●従量税

商品の数量を基準にして税率を決める課税方式です．

【問題 9.1（社会的コスト）（総余剰）】ある財に対する社会の需要曲線は,

$$d = 120 - 2p$$

（d：需要量, p：価格）

で表されるものとします. この財を 1 単位追加的に生産するための限界費用は 35 で一定であり, 完全競争市場のもとで供給されているとします. ただし, この財を 1 単位追加的に生産するにあたっては, 大気汚染が生じるため, 社会的コストが 7 だけかかるとします.

　このとき, 市場の自由な取引に委ねた場合の総余剰を解答群から選びなさい.

　　　1. 250　　　　2. 275　　　　3. 300　　　　4. 325　　　　5. 350

（国家公務員一般職試験 行政職）

【解答】社会的コストは社会的費用のことです. 需要曲線 $d = 120 - 2p$ を価格 p に着目して整理すれば,

$$p = -\frac{d}{2} + 60$$

となります. ところで, 限界費用 MC は $MC = 35$ ですが, **完全競争市場において, 利潤最大化条件は「価格＝限界費用」ですので,**

$$35 = -\frac{d}{2} + 60 \quad \therefore d = 50$$

となります. この時, **消費者余剰**（需要曲線の下側で, 価格より上側の領域の面積）は, 解図 1（問題 9-1）における色付きの三角形の部分で, $50 \times 25 / 2 = 625$ となります.

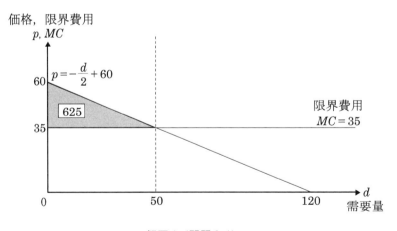

解図 1（問題 9-1）

　この解図 1（問題 9-1）をもう少しわかりやすく説明すれば, 消費者は「この商品を買うために, $p = 60$ までは出せると考えていたのにもかかわらず, 実際の売買価格は $p = 35$ だっ

たので，かなりのお得感（色付けした三角形の面積分）を感じている」ことになります．

ところで，この時，生産者側に注目すると限界費用で生産していますので，この時の**生産者余剰**（生産者が実際に販売する価格から，その製品 1 単位を生産するのに必要な限界費用を差し引いた後に残る金額）は 0 となります．**総余剰＝消費者余剰＋生産者余剰**ですので，もしも社会的コストがかからなければ，総余剰は 625 となります．

ただし，この問題では，この財を 1 単位追加的に生産するにあたって，社会的コストが 7 かかりますので，1 個売るたびに 7 だけコストが余計にかかっています．

したがって，解図 2（問題 9-1）を参照すれば，総余剰は，

$$625+0-50\times 7=275$$

となり，正しい選択肢は 2 となります．

参考までに，この場合の**社会的限界費用** SMC（外部効果を考慮した限界費用で，**社会的限界費用＝私的限界費用＋限界損失**）は，$35+7=42$ となります．

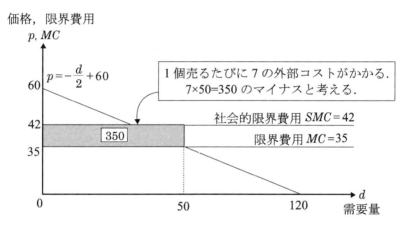

解図 2（問題 9-1）

【問題 9.2（社会的コスト）（総余剰）】ある財が完全競争市場のもとで供給されており，この財に対する社会の需要関数が

$$d = 100 - 2p$$

（d：財の需要量，　p：財の価格）

で示されるものとします．この財を1単位追加的に生産するための限界費用は20ですが，この財を1単位追加的に生産する際に大気汚染が生じており，その社会的コストが5であるとします．

　このとき，この財の供給を市場の自由な取引に委ねた場合の総余剰として妥当なものを解答群から選びなさい．

　　1.　300　　　　2.　600　　　　3.　625　　　　4.　650　　　　5.　900

（国家公務員一般職試験 行政職）

【解答】問題9.1の類題です．「財の供給を市場の自由な取引に委ねた場合」と記載されていますので，完全競争市場であることがわかります．**完全競争市場での利潤最大化条件は「価格＝限界費用」**です．

　社会の需要関数を変形すれば，

$$p = 50 - \frac{d}{2}$$

となり，左辺の価格 p は限界費用と等しく $p = 20$ ですので，需要量 d は，

$$20 = 50 - \frac{d}{2} \quad \therefore d = 60$$

となります．

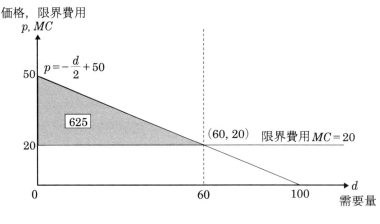

解図1（問題9-2）

　解図1（問題9-2）の着色部は**消費者余剰**であり，「この商品を買うのに $p = 50$ までは出

してもよいと思っていたのに，実際にはもっと安いのでお得感を感じる量」に対応しています．したがって，この問題の消費者余剰は，

$$消費者余剰 = 60 \times (50 - 20) \times \frac{1}{2} = 900$$

となります．

　一方で，この財を 1 単位追加的に生産するにあたり，社会的コストが 5 かかりますので，**社会的限界費用** SMC は，$SMC = 20 + 5 = 25$ となります．解図 2（問題 9-2）からもわかるように，1 個売るたびに 5 だけコストが余計にかかっているため，社会的余剰はマイナスの $5 \times 60 = 300$ となります．

　総余剰＝消費者余剰＋生産者余剰（ただし，生産者余剰=0）ですので，求める答えは，

$$総余剰 = 900 + 0 - 300 = 600$$

となり，正しい選択肢は 2 となります．

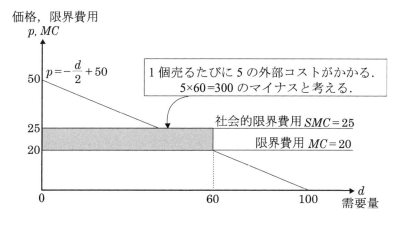

解図 2（問題 9-2）

【問題 9.3（社会的余剰）（税収）】完全競争市場のもとで，ある産業における市場全体の私的総費用関数が，

$$PTC = 2q^2 + 10$$

（PTC：私的総費用の大きさ，q：財の生産量）

で表されるものとします．この財を生産するにあたって，外部不経済が存在し，

$$C = q^2$$

（C：外部不経済による費用）

の費用が追加的に生じるとします．

　一方，この市場の需要関数が，

$$q = -p/2 + 48$$

（p：財の価格）

で表されるものとします．

　いま，政府が，社会的余剰を最大化するために，この産業に対し生産物 1 単位あたりの課税を行いました．この場合の税収の大きさを解答群から選びなさい．

　　　1．144　　　2．192　　　3．256　　　4．288　　　5．384

（国家公務員一般職試験 行政職）

【解答】生産量を限界的に 1 単位増やすのにかかる費用のことを**企業の限界費用**といい，企業が私的に負担する費用なので**私的限界費用**と呼ばれています．一方，生産量を限界的に 1 単位増やしたときに他人が被る損失額の増加分は**限界損失**と呼ばれています．この**私的限界費用と限界損失の和**が，社会全体で負担する費用である**社会的限界費用**となります．

　私的限界費用は，

$$私的総費用関数 PTC = 2q^2 + 10$$

を微分すれば求められ，

$$私的限界費用 = \frac{d(PTC)}{dq} = 4q$$

一方，この財を生産するにあたって，外部不経済が存在し，$C = q^2$（C：外部不経済による費用）の費用が追加的に生じますので，限界損失は，

$$限界損失 = \frac{dC}{dq} = 2q$$

よって，**社会的限界費用**は，

$$社会的限界費用 = 4q + 2q = 6q \tag{1}$$

となります．

　ところで，この市場の需要関数は $q = -p/2 + 48$（p：財の価格）で表され，この式を変形すれば，

$$p = -2q + 96 \tag{2}$$

となります.

式(1)と式(2)を等置すれば，解図（問題 9-3）からもわかるように，

$$6q = -2q + 96 \quad \therefore q = 12$$

となり，社会的に最適な生産量は $q = 12$ であることがわかります.

ところで，外部不経済が発生している場合に，生産者に負担させる費用・税金のことを**ピグー的課税**といい，この費用・税金は，社会的被害相当額（社会的限界費用）と経済活動に必要な費用（私的限界費用）との差額分になります. この問題では，1 個あたりである限界損失は $2q = 2 \times 12 = 24$ なので， $q = 12$ の生産量では

$$24 \times 12 = 288$$

だけ税を課すことになります（税収が増加することになります）.

したがって，正しい選択肢は 4 になります.

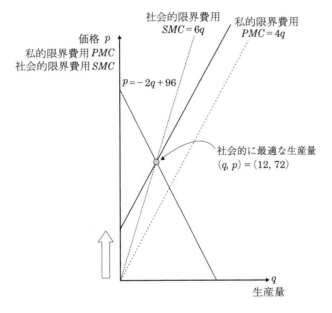

解図（問題 9-3）

【問題 9.4（従量税）（厚生損失）】完全競争市場において，ある財の需要曲線と供給曲線がそれぞれ，

$$D = -P + 200$$

（D：需要量，S：供給量，P：価格）

$$S = 4P - 100$$

で表されるとします．この財 1 単位あたり 20 の従量税が賦課されるとすると，そのときに生じる厚生損失を解答群から選びなさい．

1. 120　　2. 124　　3. 128　　4. 140　　5. 160

（東京都特別区職員 I 類採用試験）

【解答】**完全競争市場**なので，「**需要量 D ＝供給量 S**」で価格と数量が決定されますので，$D = S = X$ と置けば，

$$X = -P + 200 \quad \rightarrow \quad P = -X + 200 \tag{1}$$

$$X = 4P - 100 \quad \rightarrow \quad 4P = X + 100 \quad \therefore P = \frac{1}{4}X + 25 \tag{2}$$

式(1)と式(2)から，

$$X = 140$$

財 1 単位あたり 20 の従量税が賦課されますので，式(2)を上に 20 だけシフトして

$$P = \frac{1}{4}X + 25 + 20 = \frac{1}{4}X + 45 \tag{3}$$

式(1)と式(3)の交点を求めれば，

$$-X + 200 = \frac{1}{4}X + 45 \quad \therefore X = 124$$

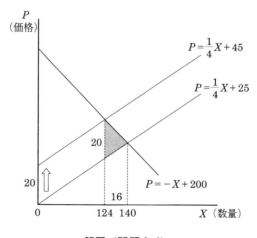

解図（問題 9-4）

　以上を図化すれば，解図（問題 9-4）のようになります．**厚生損失**は社会的余剰の減少分であり，解図（問題 9-4）の着色部（三角形の面積）に対応します．すなわち，

$$厚生損失 = 20 \times 16 \times \frac{1}{2} = 160$$

となり，正しい選択肢は 5 となります．

【問題 9.5（外部不経済）（課税）】 完全競争市場において，市場全体の私的総費用が，

$$PC = X^2 + 20X + 10$$
$$（PC：私的総費用の大きさ，　X：財の生産量）$$

と表されるものとし，生産に伴う外部不経済から，

$$C = \frac{1}{2}X^2$$

$$（C：外部不経済による費用）$$

が社会的に発生するとします．

　また，この市場の需要関数が，

$$X = -\frac{1}{2}P + 50$$

$$（P：財の価格）$$

で表されるとき，政府がこの市場に対して，生産量 1 単位につき T の課税をする場合，総余剰が最大となる「T」と「税収」の組合せとして，妥当なものを解答群から選びなさい．

	T	税収
1.	8	100
2.	8	120
3.	16	104
4.	16	208
5.	16	256

（東京都特別区職員 I 類採用試験）

【解答】 私的限界費用 PMC は，

$$PMC = \frac{d(PC)}{dX} = 2X + 20$$

1 単位追加で生産するときの**外部不経済の増加分**は，

$$外部不経済の増加分 = \frac{dC}{dX} = X$$

よって，**社会的限界費用** SMC は，

$$\text{社会的限界費用} SMC = 2X + 20 + X = 3X + 20 \tag{1}$$

となります.

市場の需要関数を変形すれば,

$$P = -2X + 100 \tag{2}$$

式(1)と式(2)から,

$$3X + 20 = -2X + 100 \quad \therefore X = 16$$

生産量 $X = 16$ を式(1)に代入すれば,

$$\text{社会的限界費用} SMC = 3X + 20 = 3 \times 16 + 20 = 68$$

T の課税をした場合の私的限界費用 PMC は,

$$PMC = 2X + 20 + T \tag{3}$$

解図(問題 9-5)を参照すればわかるように,式(3)の PMC（T の課税をした場合の私的限界費用）は SMC に等しいことから,

$$68 = 2 \times 16 + 20 + T \qquad \therefore T = 16$$

となります.また,税収は,

$$X \times T = 16 \times 16 = 256$$

ですので,正しい選択肢は 5 となります.

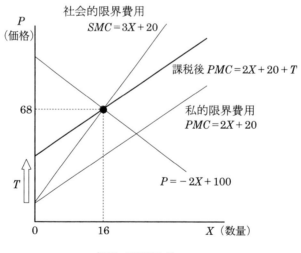

解図（問題 9-5）

【問題 9.6（環境被害）（利潤を最大にする生産量）】ある企業は X 財を価格 100 のもとで生産しており，その企業の費用関数は以下のように示されます．

$$C(x) = 2x^2$$

（$C(x)$：総費用，　x：X 財の生産量）

また，この企業は X 財を 1 単位生産するごとに，社会に環境被害として 60 だけの損害額を生じさせるものとします．

　このとき，社会の総余剰を最大にする生産量 x_1 と，企業の利潤を最大にする生産量 x_2 の組合せ (x_1, x_2) として妥当なものを解答群から選びなさい．

1.　$(x_1, x_2) = (8, 20)$　　　2.　$(x_1, x_2) = (8, 25)$　　　3.　$(x_1, x_2) = (10, 20)$

4.　$(x_1, x_2) = (10, 25)$　　　5.　$(x_1, x_2) = (12, 20)$

（国家公務員一般職試験 行政職）

【解答】限界費用 MC を求めれば，

$$\text{限界費用}\, MC = \frac{dC}{dx} = 4x \tag{1}$$

企業は財を 1 単位生産するごとに，社会に環境被害として 60 だけの損害額を生じさせますが，これは**限界損失**と呼ばれています．企業の**限界費用**と**限界損失**を合計したものが**社会的限界費用** SMC となりますので，

$$\text{社会的限界費用}\, SMC = 4x + 60 \tag{2}$$

X 財の価格は 100 なので

$$p = 100 \tag{3}$$

とおきます．

　式(1)と式(3)から，

$$100 = 4x \quad \text{（価格＝限界費用）}$$

$$\therefore x = 25 \text{（企業の利潤を最大にする生産量 } x_2 \text{ は } x_2 = 25）$$

　社会の総余剰の大きさではなく，社会の総余剰を最大にする生産量を求めればよい（社会の総余剰の大きさは求めなくてもよい）ことに留意すれば，式(2)と式(3)から，

$$100 = 4x + 60$$

$$\therefore x = 10 \text{（社会の総余剰を最大にする生産量 } x_1 \text{ は } x_1 = 10）$$

　したがって，$(x_1, x_2) = (10, 25)$ となり，正しい選択肢は 4 となります．

【問題 9.7（独占市場での総余剰）】ある企業が独占的にある財を供給しているとします．この独占企業が直面している需要関数が，

$$Q = 60 - 2P$$

（Q：需要量，P：価格）

であるとします．また，この独占企業の総費用関数が，

$$C = X^2 + 6X + 8$$

（C：総費用，X：生産量）

であるとします．このとき，独占市場の均衡における総余剰の大きさを求めなさい．

1. 16　　　2. 96　　　3. 112　　　4. 128　　　5. 208

（国家公務員一般職試験 行政職）

【解答】独占市場なので，**独占企業は需要曲線を知っており，利潤を最大化しようとします．** そこで，まず，利潤を求めることにします．

需要関数の式を変形して，

$$P = 30 - \frac{Q}{2}$$

独占企業は生産量 X を需要量 Q に一致させるように（$X = Q$ となるように）生産しますので，利潤は，

$$利潤 = 売上 - 費用 = PX - C = \left(30 - \frac{X}{2}\right)X - (X^2 + 6X + 8) = -\frac{3}{2}X^2 + 24X - 8$$

また，

$$\frac{\partial（利潤）}{\partial X} = -3X + 24 = 0$$

より，$X = Q = 8$ となります．さらに，価格 P は，

$$P = 30 - \frac{Q}{2} = 30 - \frac{8}{2} = 26$$

となります．

次に，総余剰の大きさについて考えるため，限界費用 MC（総費用関数 C を微分したもの）を求めれば，

$$限界費用 MC = \frac{dC}{dX} = 2X + 6$$

実際の価格は $P = 26$ で生産量 $X = 8$ でしたので，$X = 8$ を解図（問題 9-7）に書き込めば，着色部分（台形部分）が総余剰となります（図中の 22 は 2×8+6 で求められます）．したがって，

$$総余剰 = (4 + 24) \times 8 / 2 = 112$$

となり，正しい選択肢は 3 となります．

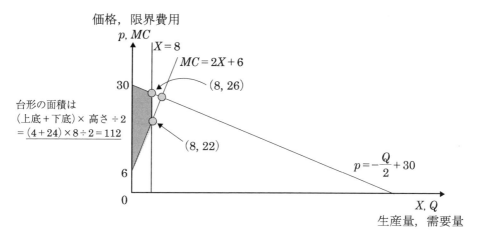

解図（問題 9-7）

第10章

公共財

●公共財

公共財とは，多くの人々が同時に不自由なく，無償で利用できるすべての財・サービスのことで，家の近くにある公園や公衆トイレはもちろん，消防や警察も公共財に該当します．

●公共財の特性

①非排除性：通常の公園は誰でも平等に使うことができ，特定の人を排除することはできません．このように，その財を1人の消費者に供給するときには，他のいかなる消費者もその消費から排除できないことを**非排除性**といいます（すべての消費者に同量供給）．

②非競合性：公園は誰が使っても減ることはありません．このように，1人の消費者がその財をいくら消費しても，他の消費者の消費可能量は減少しないことを**非競合性**といいます．なお，対価を支払わない消費者であっても消費が可能です（対価を支払わずに公共財を消費する消費者を**フリーライダー**といいます）．

●限界評価

限界評価を正確に定義すると，「財の消費量を1単位増加したときに得られる効用（満足度）の増加分」を「金銭的な評価で表したもの」になりますが，通常は"単なる評価"と考えても構いません．

公共財には，「消費の非競合性」という性質がありますので，社会の全員が同じ消費量を享受することができます．この公共財の**社会的な限界評価**は，個々の消費者の限界評価の和になりますが，これを**リンダール均衡**といいます．ちなみに，**公共財の最適供給条件**は，「**限界評価の和＝限界費用**」となります．

【問題 10.1（公共財）（限界評価）】A，B の 2 人からなる社会を考えます．この 2 人の公共財に対する限界評価が，それぞれ以下の式で表されているとします．

$$V_A = 100 - Q_A$$

$$（Q_A \geqq 100 のとき V_A = 0）$$

$$V_B = 80 - 2Q_B$$

$$（Q_B \geqq 40 のとき V_B = 0）$$

ただし，V_A は A の限界評価，V_B は B の限界評価，Q_A は A の公共財の消費量，Q_B は B の公共財の消費量です．

このとき，公共財の限界費用 MC が，(1) 90 のときと，(2) 30 のときのそれぞれのパレート最適な公共財の水準の組合せとして，妥当なものを解答群から選びなさい．

	(1)	(2)
1.	5	30
2.	10	30
3.	30	30
4.	30	60
5.	30	70

（国家公務員一般職試験　行政職）

【解答】お金をいくら出しても，消防や警察を特別に多く使うことはできません．このように，**公共財は等量消費**されますので，本問では，まず，$Q_A = Q_B = Q$ と置くことにします．次に，「**公共財の社会的評価は，各個人の限界評価**（限界がついていますが，"普通の評価"と考えても構いません）**の和になる**」ことに留意して，$V_A + V_B$ を求めれば，

$$V_A + V_B = (100 - Q_A) + (80 - 2Q_B) = 180 - 3Q \tag{1}$$

となります．また，最適な水準（問題文中の**パレート最適**とは，資源が無駄なく配分された状態を指す言葉）においては，「**社会的評価＝限界費用**」になりますので，

(1) 90 の場合：$90 = 180 - 3Q$　$\therefore Q = 30$

(2) 30 の場合：$30 = 180 - 3Q$　$\therefore Q = 50$

ただし，$Q = Q_B = 50 \geqq 40$ ですので，与えられた条件（$Q_B \geqq 40$ のとき $V_B = 0$）から $V_B = 0$ となることに留意する必要があります．式(1)において $V_B = 0$（$80 - 2Q_B = 0$）とすれば，(2) 30 の場合は，

$$30 = 100 - Q　\therefore Q = 70$$

となります．

したがって，正しい選択肢は 5 となります．

【問題 10.2（公共財）（限界評価）】2 人の需要者 A，B からなる市場において，公共財に対する限界評価曲線がそれぞれ，

$$P_A = 40 - 3X_A$$

（P_A：A の限界評価，　X_A：A の公共財の需要量）

$$P_B = 40 - X_B$$

（P_B：B の限界評価，　X_B：B の公共財の需要量）

で示されるとします.

また，公共財の限界費用が，

$$MC = X_S + 10$$

（MC：公共財の限界評価，　X_S：公共財の需要量）

として示されるとき，効率的な公共財の供給量を解答群から選びなさい.

　　　1. 7　　　　　2. 7.5　　　　　3. 14　　　　　4. 15　　　　　5. 20

（東京都特別区職員 I 類採用試験）

【解答】公共財は**等量消費**されますので，本問では，まず，$X_A = X_B = X$ と置くことにします. 公共財に対する限界評価はマイナスになることはありません（$P_A \geqq 0$）ので，

$$P_A = 40 - 3X_A = 40 - 3X \geqq 0 \quad \therefore X \leqq \frac{40}{3}$$

同様に，

$$P_B = 40 - X_B = 40 - X \geqq 0 \quad \therefore X \leqq 40$$

「**公共財の社会的評価は，各個人の限界評価の和になる**」ことに留意して，$P_A + P_B$ を求めることにします. $X \leqq \frac{40}{3}$ の場合は，$P_A \geqq 0$，$P_B \geqq 0$ なので，

$$P_A + P_B = (40 - 3X) + (40 - X) = 80 - 4X$$

これが公共財の限界費用に等しいので，

$$80 - 4X = X + 10 \quad \therefore X = \frac{70}{5} = 14$$

ただし，この値（$X = 14$）は $X \leqq \frac{40}{3}$ を満たしませんので答えではありません.

そこで，$\frac{40}{3} < X \leqq 40$ の場合について考えます. この場合は $P_A = 0$ であることに留意すれば，

$$P_A(=0) + P_B = 40 - X = X + 10 \quad \therefore X = 15$$

$X = 15$ は，$\frac{40}{3} < X \leqq 40$ の条件を満たしますので，正しい選択肢は 4 となります.

第 11 章

パレート最適

●**限界効用 *MU*** （Marginal Utility の略語）

　一般に，「限界」といえば「限度」と同じ意味で用いられています．しかしながら，**経済学**では，「**限界**」という用語は「**僅かに追加された…**」という意味で使用されています．それゆえ，**限界効用 *MU*** は，財を 1 単位追加的に消費した場合における効用の増加分を表しており，効用関数 U を消費量 X で微分した

$$MU = \frac{\Delta U}{\Delta X}\left(= \frac{dU}{dX}\right)$$

で求めることができます．

　参考までに，限界効用 *MU* を貨幣価格で割ったものが，貨幣 1 単位当たりの限界効用（貨幣の限界効用）になります．2 つの財がある時，**最適点では，均衡点において貨幣の限界効用（限界効用を価格で除したもの）が等しくなります**．

●**限界代替率 *MRS*** （Marginal Rate of Substitution の略語）

　限界代替率とは，消費者にとって同程度の効用を与える X 財と Y 財の消費量の組合せを結ぶ**無差別曲線**（「等しい効用が得られる 2 つの財の消費量の組合せ」をつないだ曲線のこと）**の傾き**で，消費者にとって Y 財の何単位が X 財の 1 単位と同じ価値を持つかを示す値になります．

●**パレート最適**

　資源配分を行う際に，「誰かの効用を上げようとすると，他の誰かの効用が下がるような状態（資源が無駄なく配分された状態）のことを**パレート最適**といいます．**完全競争下でのパレート最適では，2 つの製品間の限界代替率 *MRS* が等しく（2 財の限界効用の比が等しく）なります**．

　参考までに，第 1 財の第 2 財に対する限界代替率は，

$$第1財の第2財に対する限界代替率 = \frac{第1財の限界効用}{第2財の限界効用}$$

となります．

●**パレート改善**

　誰の効用も犠牲にすることなく，少なくとも一人の効用を高めることのできる変化を**パレート改善**といいます．

●契約曲線

　パレート最適な資源配分が実現している点を結んだ線（パレート最適が実現する点の軌跡）のことを**契約曲線**といいます.

●効用フロンティア　（Utility Frontier）

　効用フロンティア（効用可能性曲線）は，資源配分が**契約曲線**（パレート最適である点の軌跡）上を移動するときに，対応する消費者 A と B の効用水準を図 11-1 のように示したもので，必ず右下がりになります.

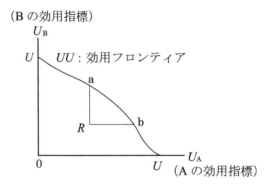

図 11-1　効用フロンティア

【問題 11.1（パレート最適）（効用フロンティア）】 消費者 A と消費者 B の 2 人の消費者，そして X 財と Y 財の 2 つの財からなる経済を考えます．消費者 A による X 財の消費量を x_A，Y 財の消費量を y_A，消費者 B による X 財の消費量を x_B，Y 財の消費量を y_B とすると，消費者 A，B の効用関数は，それぞれ

$$u_A = 4x_A y_A, \quad u_B = 9x_B y_B$$

ただし，$x_A > 0$，$x_B > 0$，$y_A > 0$，$y_B > 0$

であるとします．また，X 財の総量が 16，Y 財の総量が 9 であり，それらを 2 人で配分するものとします．

　この経済の効用フロンティア（パレート最適な状態における 2 人の消費者の効用水準の組合せ）を表す式として，妥当なものを解答群から選びなさい．

1. $3\sqrt{u_A} + 2\sqrt{u_B} = 24$
2. $3\sqrt{u_A} + 2\sqrt{u_B} = 36$
3. $3\sqrt{u_A} + 2\sqrt{u_B} = 72$
4. $5\sqrt{u_A} + 3\sqrt{u_B} = 24$
5. $5\sqrt{u_A} + 3\sqrt{u_B} = 36$

（国家公務員一般職試験　行政職）

【解答】 完全競争下でのパレート最適では，2 つの製品間の限界代替率が等しく（2 財の限界効用の比が等しく）なります．限界効用は効用を消費量で微分すれば得られますので，

$$\frac{\partial u_A}{\partial x_A} = \frac{\partial (4x_A y_A)}{\partial x_A} = 4y_A, \quad \frac{\partial u_A}{\partial y_A} = \frac{\partial (4x_A y_A)}{\partial y_A} = 4x_A$$

$$\frac{\partial u_B}{\partial x_B} = \frac{\partial (9x_B y_B)}{\partial x_B} = 9y_B, \quad \frac{\partial u_B}{\partial y_B} = \frac{\partial (9x_B y_B)}{\partial y_B} = 9x_B$$

から，2 財の限界効用の比は，

$$\frac{4y_A}{4x_A} = \frac{9y_B}{9x_B} \quad \therefore \frac{y_A}{x_A} = \frac{y_B}{x_B} \tag{1}$$

一方，

$$x_A + x_B = 16$$
$$y_A + y_B = 9$$

の関係式から求めた

$$x_B = 16 - x_A$$
$$y_B = 9 - y_A$$

を式(1)の右辺に代入すれば，

$$\frac{y_A}{x_A} = \frac{9 - y_A}{16 - x_A}$$

変形すれば，

$$y_A(16 - x_A) = x_A(9 - y_A) \quad \therefore y_A = \frac{9}{16} x_A$$

効用関数は，

$$u_A = 4x_A y_A = 4x_A \times \frac{9}{16}x_A = \frac{9}{4}x_A{}^2 \quad \therefore \sqrt{u_A} = \frac{3}{2}x_A \tag{2}$$

$$u_B = 9x_B y_B = 9(16 - x_A)(9 - y_A) = 9(16 - x_A)\left(9 - \frac{9}{16}x_A\right) = \frac{9}{16} \times 9(16 - x_A)(16 - x_A)$$

$$\therefore \sqrt{u_B} = \frac{9}{4}(16 - x_A) \tag{3}$$

それぞれの選択肢に式(2)と式(3)を代入すれば正解を見つけることができます. 具体的に記述すれば, 選択肢 $3\left(3\sqrt{u_A} + 2\sqrt{u_B} = 72\right)$ の場合,

$$3\sqrt{u_A} + 2\sqrt{u_B} = 3 \times \frac{3}{2}x_A + 2 \times \frac{9}{4}(16 - x_A) = 72$$

となり, 3 が正しい選択肢であることがわかります.

第12章

比較生産費説

●比較生産費説

　比較生産費説は，リカードによって提唱された外国貿易および国際分業に関する基礎理論のことで，一国における各商品の生産費の比を他国のそれと比較し，優位な商品を輸出して劣位な商品を輸入すれば，双方が利益を得て国際分業が行われるという説です．

【問題 12.1（比較生産費説）】リカードの比較生産費説にもとづいて，2国A，Bおよび2財 x，y からなる経済を考えます．生産要素は労働のみであり，各国における各財1単位あたりの生産に必要な労働量は以下の表（問題 12-1）のようになります．また，2財 x，y は両国間で自由に取引され，国際市場は競争的であるとします．さらに，両国間で労働の移動はないものとします．

　このとき，次の2財の価格比 P_x / P_y の組合せのうち，いずれの価格比も両国間に貿易が生じる範囲内にあるものを解答群から選びなさい．ただし，2財 x，y の価格は，それぞれ P_x，P_y であるとします．

表（問題 12-1）

	x	y
A	4	6
B	10	5

1. $\dfrac{1}{2}$, $\dfrac{3}{2}$　　2. $\dfrac{1}{2}$, 2　　3. $\dfrac{2}{5}$, $\dfrac{6}{5}$　　4. $\dfrac{2}{5}$, $\dfrac{7}{3}$　　5. $\dfrac{3}{4}$, $\dfrac{5}{3}$

（国家公務員一般職試験　行政職）

【解答】比較生産費説とは，「各国が比較優位にある財の生産に特化し，輸出入しあうことで，互いに貿易利益を享受できる」という説です．そこで，まず，2国A，Bのそれぞれについて，比較優位にある財を見つけることにします．

A国

$$x : y = 4 : 6 \quad \therefore \frac{x}{y} = \frac{4}{6} = \frac{2}{3}$$

$$y : x = 6 : 4 \quad \therefore \frac{y}{x} = \frac{6}{4} = \frac{3}{2}$$

B国

$$x : y = 10 : 5 \quad \therefore \frac{x}{y} = \frac{10}{5} = 2$$

$$y : x = 5 : 10 \quad \therefore \frac{y}{x} = \frac{5}{10} = \frac{1}{2}$$

それぞれの値を国同士で比較すると，

$x : y = \dfrac{x}{y}$ は A 国の方が小さいので，x は A 国が比較優位にある財

$y : x = \dfrac{y}{x}$ は B 国の方が小さいので，y は B 国が比較優位にある財

であることがわかります．

$x : y = \dfrac{x}{y}$ や $y : x = \dfrac{y}{x}$ のことを**相対価格**といいます．貿易が生じる**交易条件**は，「**価格比が各国の相対価格の範囲内**」にあることです．2 財の価格比 P_x / P_y は x 財の y 財に対する価格比なので，x の相対価格である $\dfrac{2}{3}$ と 2 を用いて，

$$\frac{2}{3} < \frac{P_x}{P_y} < 2$$

の不等式を考えます．

選択肢中の $\dfrac{1}{2}$ や $\dfrac{2}{5}$ は条件を満たしませんので，選択肢 1 ～ 4 は誤りで，正しい選択肢は 5 であることがわかります．

第13章
ゲーム理論

● ゲーム理論

　ゲーム理論は，**戦略型ゲーム**と**展開型ゲーム**の2つに分けることができます．ここに，戦略型ゲームとは，じゃんけんのように，すべてのプレーヤーが同時に行動するゲームのことです．一方，展開型ゲームとは，将棋や囲碁のように，プレーヤーが順番に行動するゲームのことをいいます．

● ナッシュ均衡

　ナッシュ均衡とは，ゲームの参加者全員が，与えられたルールのもとで自分の利得が最大となる戦略を選択しあっている状態をいいます．ナッシュ均衡は，他のプレーヤーの戦略を所与（前提として与えられたもの）とした場合，**どのプレーヤーも自分の戦略を変更することによってより高い利得を得ることができない戦略の組合せ**であるともいえます．

● 部分ゲーム完全均衡

　部分ゲーム完全均衡とは，多期間にわたるゲームのどの部分においてもナッシュ均衡が成立している状態のことをいいます．**ゲームの最終段階から，後ろ向きにゲームをたどっていく**ことで見つけることができます．

● 支配戦略均衡

　支配戦略均衡とは，プレーヤー全員が，他人の動向に関係なく，自己の利得が最大となるように戦略をとりあっている状態のことをいいます．

【問題 13.1 (ナッシュ均衡)】プレーヤーA，B がそれぞれ 3 つの戦略を持つゲームが以下のように示されています．

このとき，ナッシュ均衡となる戦略の組合せとして妥当なもののみをすべてあげているものを，解答群から選びなさい．ただし，A_i（$i=1,2,3$）はプレーヤーA の戦略，B_j（$j=1,2,3$）はプレーヤーB の戦略を示し，表（問題 13-1）中の数字は，左側がプレーヤーA の利得，右側がプレーヤーB の利得を示しています．また，各プレーヤーは純粋戦略をとるものとします．

表（問題 13-1）

	B_1	B_2	B_3
A_1	5, 0	1, 1	4, 2
A_2	3, 4	2, 5	3, 3
A_3	2, 5	0, 1	2, 0

1. (A_2, B_3)　　　　2. (A_1, B_2)，(A_2, B_3)　　　　3. (A_1, B_3)，(A_2, B_2)

4. (A_3, B_1)，(A_2, B_2)　　5. ナッシュ均衡は存在しない．

(国家公務員一般職試験　行政職)

【解答】ナッシュ均衡は，他のプレーヤーの戦略を所与（前提として与えられたもの）とした場合，どのプレーヤーも自分の戦略を変更することによって，より高い利得を得ることができない戦略の組合せのことです．これを踏まえた上で，以下のように検討すれば，正解が得られます．

選択肢 1：(A_2, B_3)

プレーヤーB の利得は 3（戦略 B_3）で，戦略 B_1（利得は 4）や戦略 B_2（利得は 5）をとった方が今よりも利得が上がるため，(A_2, B_3) はナッシュ均衡ではありません．それゆえ，(A_2, B_3) を含む選択肢 2 も誤りとなります．

選択肢 3：(A_1, B_3)，(A_2, B_2)

(A_1, B_3)：戦略 B_3 の利得が 2 で，戦略 B_2 だと 1，戦略 B_1 だと 0 となって，プレーヤーB の利得は今よりも下がります．戦略 A_1 の利得が 4 で，戦略 A_2 だと 3，戦略 A_1 だと 2 となって，プレーヤーA の利得は今よりも下がります．よって，ナッシュ均衡です．

(A_2, B_2)：この場合も，現在の戦略を変更すると A，B の二人のプレーヤーとも利得が今よりも下がってしまいますので，ナッシュ均衡です．

したがって，正しい選択肢は 3 となります．

【問題 13.2 （ナッシュ均衡）】 表（問題 13-2）は，企業 A，B 間のゲームについて，企業 A が戦略 S，T，U，V，企業 B が戦略 W，X，Y，Z を選択したときの利得を示したものです．表中の括弧内の左側の数字が企業 A の利得，右側の数字が企業 B の利得です．この場合のナッシュ均衡に関する記述として，妥当なものを解答群から選びなさい．ただし，両企業が純粋戦略の範囲で戦略を選択するものとします．

表（問題 13-2）

		企業 B			
		戦略 W	戦略 X	戦略 Y	戦略 Z
企業 A	戦略 S	(1, 4)	(4, 1)	(3, 5)	(9, 3)
	戦略 T	(4, 1)	(1, 4)	(5, 6)	(1, 9)
	戦略 U	(3, 3)	(3, 5)	(7, 8)	(8, 1)
	戦略 V	(3, 6)	(9, 7)	(5, 6)	(2, 5)

1. ナッシュ均衡は，存在しない．
2. ナッシュ均衡は，企業 A が戦略 U，企業 B が戦略 W を選択する組合せのみである．
3. ナッシュ均衡は，企業 A が戦略 V，企業 B が戦略 X を選択する組合せのみである．
4. ナッシュ均衡は，企業 A が戦略 U，企業 B が戦略 Y を選択する組合せおよび企業 A が戦略 V，企業 B が戦略 X を選択する組合せの 2 つである．
5. ナッシュ均衡は，企業 A が戦略 S，企業 B が戦略 Z を選択する組合せ，企業 A が戦略 T，企業 B が戦略 Y を選択する組合せおよび企業 A が戦略 U，企業 B が戦略 W を選択する組合せの 3 つである．

（東京都特別区職員 I 類採用試験）

【解答】ナッシュ均衡は，他のプレーヤーの戦略を所与（前提として与えられたもの）とした場合，どのプレーヤーも自分の戦略を変更することによってより高い利得を得ることができない戦略の組合せのことです．これを踏まえた上で，以下の選択肢について検討します．

選択肢 1：ナッシュ均衡は，存在しない．

　企業 A が戦略 U で企業 B が戦略 Y を選択した場合の利得は(7, 8)です．企業 A が戦略 S を選択した場合の利得は 3，戦略 T を選択した場合の利得は 5，戦略 V を選択した場合の利得は 5 で，残り 3 つの戦略は利得の 7 から減少しますので，戦略を変更しません（ナッシュ均衡）．また，企業 B が戦略 W を選択した場合の利得は 3，戦略 X を選択した場合の利得は 5，戦略 Z を選択した場合の利得は 1 で，残り 3 つの戦略は利得の 8 から減少しますので，戦略を変更しません（ナッシュ均衡）．それゆえ，「ナッシュ均衡は存在しない」という選択肢 1 の記述は誤となります．

　同様の手順で検討すれば，企業 A が戦略 V で企業 B が戦略 X の場合の利得は(9, 7)で，この場合もナッシュ均衡です．

　ナッシュ均衡は，この 2 つの組合せだけですので，正しい選択肢は 4 となります．

【**問題** 13.3（**ナッシュ均衡**）（**部分ゲーム完全均衡**）】企業Aは，企業Bが独占している市場に新規参入すべきか検討しており，以下のゲーム・ツリーで表される展開型ゲームを考えることにします．Aが「不参入」を選べば，Aの利得は0，独占を維持できるBの利得は8です．また，Aが「参入」を選んだ場合は，Bが協調路線をとればAの利得が3でBの利得が4になり，BがAに対抗して価格競争を仕掛ければAの利得が-2でBの利得が0になります．

この展開型ゲームについて，戦略型ゲームによるナッシュ均衡と部分ゲーム完全均衡を考えます．次の記述のうち，妥当なものを解答群から選びなさい．ただし，純粋戦略を考えるものとします．

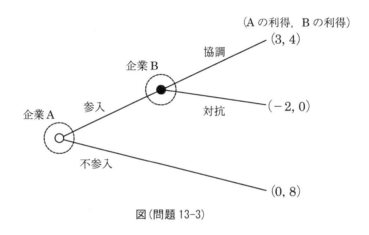

図（問題13-3）

1. 戦略型ゲームによるナッシュ均衡は存在しない．部分ゲーム完全均衡は「Aは参入，Bは協調」のみである．
2. 戦略型ゲームによるナッシュ均衡は「Aは参入，Bは協調」のみである．部分ゲーム完全均衡は存在しない．
3. 戦略型ゲームによるナッシュ均衡は「Aは参入，Bは協調」のみである．部分ゲーム完全均衡は「Aは参入，Bは協調」のみである．
4. 戦略型ゲームによるナッシュ均衡は「Aは参入，Bは協調」のみである．部分ゲーム完全均衡は「Aは不参入，Bは対抗」と「Aは参入，Bは協調」である．
5. 戦略型ゲームによるナッシュ均衡は「Aは不参入，Bは対抗」と「Aは参入，Bは協調」である．部分ゲーム完全均衡は「Aは参入，Bは協調」のみである．

（国家公務員一般職試験 行政職）

【**解答**】**ナッシュ均衡**とは，全てのプレーヤーが，現在の戦略を変更すると，利得が今よりも増えないような状態をいいます．

　まず，各プレーヤーがとる戦略と利得を表にした**利得行列**を作成すれば，解表（問題 13-3）のようになります．

解表（問題 13-3）

		企業 B	
		協調	対抗
企業 A	参入	(3, 4)	(−2, 0)
	不参入	(0, 8)	(0, 8)

カッコ内の数値：左側が A の利得，右側が B の利得

　戦略型ゲーム（すべてのプレーヤーが同時に戦略を選ぶ場合）についてナッシュ均衡を検討します．

「企業 A：参入，企業 B：協調」での利得（3,4）

　　企業 A が不参入だと利得が 3→0 に減少　したがって，企業 A は戦略変更を行わない．

　　企業 B が戦略を変更すると 4→0 に減少　したがって，企業 B は戦略変更を行わない．

　　ゆえに，「企業 A：参入，企業 B：協調」はナッシュ均衡です．

「企業 A：不参入，企業 B：協調」での利得（0,8）

　　企業 A が参入だと利得が 0→3 に増加

　　したがって，ナッシュ均衡ではありません．

「企業 A：参入，企業 B：対抗」での利得（−2,0）

　　企業 A が不参入だと利得が-2→0 に増加　したがって，企業 A は戦略変更を行います．

　　企業 B が戦略を変更すると 0→4 に増加　したがって，企業 B は戦略変更を行います．

　　したがって，ナッシュ均衡ではありません．

「企業 A：不参入，企業 B：対抗」での利得（0,8）

　　企業 A が参入だと利得が 0→-2 に減少　したがって，企業 A は戦略変更を行いません．

　　企業 B が戦略を変更すると 8→8 で同じ　したがって，企業 B は戦略変更を行いません．

　　ゆえに，「企業 A：不参入，企業 B：対立」はナッシュ均衡です．

　次に，**部分ゲーム完全均衡**について検討します．部分ゲーム完全均衡とは，多期間にわたるゲームのどの部分においてもナッシュ均衡が成立している状態のことです．**ゲームの最終段階から，後ろ向きにゲームをたどっていく**ことで見つけることができます．

　企業 B について，解図 1（問題 13-3）からわかるように，利得は協調だと(3,4)，対立だと(-2,0)なので，企業 B は協調を選択します．一方，解図 2（問題 13-3）からわかるように，企業 A は不参入だと利得は 0 なので，参入（企業 B が協調の時，A の利得は 3）を選択します．したがって，部分ゲーム完全均衡では，「企業 A は参入，B は協調」となります．

　以上より，正しい選択肢は 5 となります．

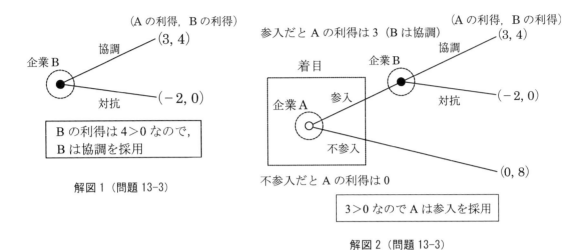

解図1（問題13-3）

解図2（問題13-3）

【問題13.4（支配戦略均衡）】企業Pは戦略①または戦略②を採ることができ，企業Qは戦略③または戦略④を採ることができるものとします．

また，企業Pと企業Qの採る戦略とそれぞれの利得の関係は，次の表（問題13-4）で与えられるものとします．ただし，表（問題13-4）の（ ）内の左側が企業Pの利得であり，右側が企業Qの利得です．

表（問題13-4）

		企業Q	
		戦略③	戦略④
企業P	戦略①	(a, 50)	(20, b)
	戦略②	(40, c)	(d, 60)

このとき，（戦略①，戦略③）が支配戦略均衡となる場合の（a，b，c，d）の条件の組合せとして妥当なものを解答群から選びなさい．

1. (a＞20, b＜60, c＞50, d＜40)　　2. (a＞20, b＜60, c＜50, d＞40)

3. (a＞20, b＜50, c＞60, d＜40)　　4. (a＞40, b＜50, c＞60, d＜20)

5. (a＞40, b＜60, c＜50, d＞20)

（国家公務員一般職試験 行政職）

【解答】支配戦略均衡とは，プレーヤー全員が，他人の動向に関係なく，自己の利得が最大となるように戦略をとりあっている状態です．

　（戦略①，戦略③）が支配戦略均衡ですので，まず，企業 P が戦略①を採った場合（左側の利得）について考えます．

　　企業 P が戦略①で，企業 Q が戦略③を採った場合：a＞40

　　企業 P が戦略①で，企業 Q が戦略④を採った場合：20＞d

次に，企業 Q が戦略③を採った場合（右側の利得）について考えます．

　　企業 Q が戦略③で，企業 P が戦略①を採った場合：50＞b

　　企業 Q が戦略③で，企業 P が戦略②を採った場合：c＞60

　したがって，正しい選択肢は 4 となります．

付　録

一般的に用いられる経済記号

記号	意味	英表記（略字の意味）
C	消費	Consumption
D	預金	Deposit
D	需要量	Demand
G	政府支出	Government Expenditure
H	ハイパワード・マネー	High-powered money
I	投資	Investment
i	名目利子率	Interest
K	資本設備	Kapital（ドイツ語）
L	労働力（量）	Labor
L	流動性	Liquidity
P	価格	Price
P	物価水準	Price
R	準備預金	Reserve
r（小文字）	利子率	rate
S	貯蓄	Saving
T	租税	Tax
U	効用関数	Utility
W	賃金	Wage
w（小文字）	実質賃金	wage
Y	GDP	Yield（収穫）
Y	生産，支出，所得	Yield
π	インフレ率	
MC	限界費用	Marginal Cost
MR	限界収入	Marginal Revenue
TC	総費用	Total Cast
EX	輸出	Export
IM	輸入	Import
GDP	国内総生産	Gross Domestic Product
GNP	国民総生産	Gross National Product
MPL	労働の限界生産性	Marginal Product of Labor
MRS	限界代替率	Marginal Rate of Substitution

索　　引

【か行】

外部経済　75

外部性　50, 57

外部不経済　50, 58, 75, 83

価格弾力性　31, 52

下級財　9

課税　74, 83

寡占　51

寡占市場　51, 62, 63

貨幣の限界効用　10, 26, 32

可変費用　3, 50

環境被害　85

間接税　10, 29

完全競争　45, 59

完全競争市場　46, 47, 48, 53, 54, 82

完全競争市場における利潤最大化条件　60

企業の限界費用　80

企業の利潤最大化　58

期待効用が最大になる行動　25

ギッフェン財　9

逆需要関数　50

均衡価格　31

均衡点　31

クールノー競争　51, 61

クモの巣理論　39, 42, 44

契約曲線　92

ゲーム理論　97

限界効用　9, 26, 31, 91

限界収入　50, 67

限界損失　80, 80, 85

限界代替率　32, 91

限界費用　45, 51, 67, 85

限界評価　88, 89, 90

限界費用価格形成原理　51, 70, 71

限界費用価格形成理論　69

顕示選好の弱公理　5, 6

顕示選好理論　5, 6

交易条件　96

公共財　88, 89, 90

厚生　10

厚生損失　82

厚生の損失　74

効用関数　8

効用最大化条件　10, 21, 22, 32

効用水準　29

効用水準の実現　20

効用水準を最大化する労働時間　23

効用の期待値　25

効用の最大化行動　12, 17, 19, 27

効用フロンティア　92, 93

固定費用　3, 50

【さ行】

財　1

最適消費量　22

サンク費用　45

死荷重　74

市場の均衡　68

実質所得　10

私的限界費用　75, 80, 80, 83

私的費用　75

支配戦略均衡　97, 102

社会厚生関数　10

社会厚生関数の最大化　16

社会的限界費用　75, 79, 80, 83

社会的コスト　76, 78

社会的費用　75

社会的余剰　73, 80

従量税　75, 82

シュタッケルベルグ競争　51

シュタッケルベルグ均衡　51, 62, 63

シュタッケルベルグ先導者モデル　51

需要関数　1, 15, 50

需要の価格弾力性　31, 32, 34, 35, 36, 65

生涯効用の最大化　13

上級財　9

消費者余剰　73, 77, 78

所得効果　9, 11

所得の最小値　21

所得の増加分　14

生産者余剰　73, 77

生産量　59

税収　80

全体効果　9

全体の生産費用　53

先導者　51, 62

戦略型ゲーム　97

相対価格　96

総費用　59

総余剰　73, 76, 77, 78, 86

【た行】

代替効果　9, 11

短期の完全競争市場　55

長期均衡価格　45, 46

長期均衡における企業数　47, 48

長期の費用関数　3

直接税　10, 29

追随者　51, 62

展開型ゲーム　97

トータルコスト　53

独占企業　66

独占企業の利潤最大化行動　70

独占企業の利潤最大化条件　65, 67, 70

独占均衡　65

独占市場　52, 68, 86

【な行】

ナッシュ均衡　97, 98, 99, 100

【は行】

パレート改善　91

パレート最適　51, 89, 91, 93

反応関数　62

比較生産費説　95

非競合性　88

ピグー的課税　75, 81

非排除性　88

費用関数　3

フォロワー　62

複占市場　51, 61

部分ゲーム完全均衡　97, 100

プライスキャップ規制　52, 71

フリーライダー　88

平均費用価格形成原理　51, 71

【ま行】

マーシャル的価格調整過程　40, 42, 43

マーシャルの安定条件　38

ミクロ経済学　1

無差別曲線　8

名目所得　10

【や行】

ヤードスティック規制　52, 71

予算制約式　10

余剰　73

余剰の損失　74

【ら行】

ラーナーの独占度　52, 65, 66, 67

リーダー　62

利潤　53

利潤が最大となる生産量　54

利潤合計の最大化　57

利潤最大化行動　50

リンダール均衡　88

労働供給関数　24

【わ行】

ワルラス的価格調整過程　40, 41, 43

ワルラスの安定条件　38

■著者紹介

米田　昌弘 （よねだ・まさひろ）

1978 年 3 月	金沢大学工学部土木工学科卒業
1980 年 3 月	金沢大学大学院修士課程修了
1980 年 4 月	川田工業株式会社入社
1989 年 4 月	川田工業株式会社技術本部振動研究室 室長
1995 年 4 月	川田工業株式会社技術本部研究室 室長兼大阪分室長
1997 年 4 月	近畿大学理工学部土木工学科 助教授
2002 年 4 月	近畿大学理工学部社会環境工学科 教授
2021 年 3 月	近畿大学 定年退職
2021 年 4 月	近畿大学 名誉教授
	近畿大学キャリアセンター（キャリアアドバイザー）
2022 年 9 月	摂南大学理工学部都市環境工学科 特任教授
	（工学博士（東京大学），技術士（建設部門）， 特別上級土木技術者（鋼・コンクリート））

行政職公務員試験 専門問題と解答 ミクロ経済学編

2023 年 2 月 15 日　初　版第 1 刷発行

■著　　者──── 米田昌弘
■発 行 者──── 佐藤　守
■発 行 所──── 株式会社 大学教育出版
　　　　　　　　〒 700-0953　岡山市南区西市 855-4
　　　　　　　　電話（086）244-1268 ㈹　FAX（086）246-0294
■印刷製本──── モリモト印刷㈱

ISBN978 - 4 - 86692 - 241 - 6